Beowulf et les premiers fragments épiques anglo-saxons

Anonyme

Paris, 1919

© 2024, Anonyme (domaine public)
Édition : BoD · Books on Demand, 31 avenue Saint-Rémy,
57600 Forbach, bod@bod.fr
Impression : Libri Plureos GmbH, Friedensallee 273,
22763 Hamburg (Allemagne)
ISBN : 978-2-3225-3474-6
Dépôt légal : Février 2025

TABLE DES MATIÈRES

Introduction

Les débuts de l'épopée anglo-saxonne
Le *Beowulf* et son sujet épique
Les éléments païens du *Beowulf*
Les traces d'une civilisation nouvelle
Remaniements chrétiens apportés au poème
Comment est né le poème de *Beowulf* — hypothèses diverses
Données positives fournies par la critique interne du *Beowulf*
Conclusion

Textes traduits

Le Beowulf
La Plainte de Deor
Le Combat de Finnsburg
Le Waldere

Le Poème de "Beowulf"

INTRODUCTION

Les débuts de l'épopée anglo-saxonne.

Le Beowulf est le premier et le seul spécimen complet d'une œuvre épique que nous ait léguée l'antiquité germanique, c'est-à-dire d'une œuvre où soient racontés de façon naïve et populaire les exploits d'un héros mythique dont la légende a transformé et embelli le souvenir. Il y a en effet deux catégories d'épopées qui relatent, en y ajoutant une proportion plus ou moins grande d'éléments merveilleux, les hauts faits du passé. Sous l'influence de l'imagination créatrice, lorsqu'elle travaille sur les données d'une tradition collective, les unes surgissent spontanément, sans auteur connu, des profondeurs de l'âme obscure des foules et se résument en de courts chants vifs et passionnés avant de tenter la verve de quelque adaptateur. Les autres sont le produit artificiel d'une époque savante et raffinée où, pour plaire à tel ou tel personnage marquant, un poète de carrière célèbre en vers solennels et limés avec soin, l'une de ces figures lointaines et mystérieuses auxquelles prétend se rattacher la famille du souverain dont il dépend. C'est l'*Enéide* de Virgile s'opposant à l'ensemble grandiose, mais parfois trop touffu, que la Grèce nous a transmis sous le nom d'Homère.

Le contraste que nous venons de signaler marque de lui-même la différence entre ces deux sortes de poèmes. Quand elle est naïve et spontanée, l'épopée reproduit sans effort et sans critique les légendes populaires qui transfigurent, à l'aube de l'histoire, les actions de quelque chef en la personne duquel s'incarnent les aspirations nationales d'une tribu primitive. Le héros qui en est le centre apparaît pourvu des diverses qualités physiques et morales susceptibles de contribuer aux progrès d'une société naissante et devient, par un travail d'accumulation incessant et presque inconscient, le modèle proposé aux rois futurs. Demi-dieu à l'origine, ainsi que tous les fondateurs de dynasties anciennes, il reste, même quand le temps lui a substitué, comme dans le *Beowulf*, des parents humains, investi de pouvoirs surnaturels, doué d'une intelligence et d'une sagesse qui dépassent celles du commun des mortels et guidé par l'inspiration d'En-Haut. Ses exploits extraordinaires et les grands services qu'il a rendus à la communauté l'entourent d'un éclat magique et fournissent des thèmes inépuisables aux ménestrels chargés d'entretenir le prince et son cortège de preux au cours des fêtes d'apparat. Aussi ces premières poésies, composées au hasard des circonstances et sous l'impression de puissantes mais passagères émotions, portent-elles au début l'empreinte d'un lyrisme débordant. Ce durent être, pour la plupart, des pièces de vers courtes et vibrantes, où quelque Tyrtée barbare cherchait à ranimer le courage des guerriers par l'exemple d'un ancêtre héroïque. Plus tard sans doute ces lais enthousiastes, en se répétant et en se développant, prirent plus nettement le caractère narratif. Ils perdirent en sauvage énergie de ton ce qu'ils gagnaient au point de vue de la composition et de l'art littéraire jusqu'à ce qu'enfin quelque barde, plus ambitieux et plus habile que ses prédécesseurs, les souda et les remania en un récit suivi et soutenu. Et c'est ainsi que naquirent les poèmes épiques populaires.

Mais cette épopée elle-même tendra bientôt à se modifier et à se compléter. Tant que la spontanéité l'emporte encore sur les autres éléments qui concourent à sa formation, c'est à peine si l'épopée se dégage du lyrisme originel. Traduisant des sentiments impulsifs plutôt qu'elle ne relate une suite de faits bien définis, elle se précipite avant tout droit au but, sans se soucier d'exposer son sujet avec logique et clarté. Ce qui lui importe, c'est d'impressionner des esprits assez frustes, et ceux-ci, plus préoccupés de vie intense que de beau langage, demandent qu'on leur présente des actes éclatants et non de longs récits circonstanciés. De là des cantilènes courtes et pour ainsi dire haletantes d'émotion, où le dialogue se condense en de vives et brèves réparties, où l'action se traduit en petites phrases nettes et énergiques, où la passion se répand en mots rapides et frappants. Plus l'on remonte vers les débuts de la langue et de la littérature, plus ce caractère d'impétuosité et de véhémence, cette fougue proprement lyrique se remarquent. Par degrés cependant, à mesure que s'écoulent les générations, cette ardeur se calme, la réflexion intervient et commente le cours des événements, le barde primitif s'efforce de décrire les mobiles de ses personnages en même temps que leurs exploits, et le récit plus ample tempère la vivacité du narrateur. Tels sont les deux stades que nous montre la poésie épique anglo-saxonne.

Le premier et le plus éloigné de nous par le temps n'est malheureusement représenté qu'en des œuvres trop rares. Ce qui en fournissait la matière, c'était la légende germanique avec un certain nombre de cycles dont le développement ultérieur se verra plus tard dans l'ensemble formé par les *Eddas* islandaises. Mais déjà chez les Anglo-Saxons, quelques compositions de l'époque la plus reculée rappellent ces vieilles traditions de la race. Telle est, entre autres, la pièce de vers intitulée le *Widsith* ou Voyageur au long cours qui mentionne, au hasard d'une liste fastidieuse de noms propres, les principaux personnages de la période des invasions barbares, personnages dont s'empara l'imagination poétique dès l'aurore du moyen-âge. Telle est encore la série de petites strophes, probablement des quatrains à l'origine, auxquelles on a donné le titre de la *Plainte de Deor* et que nous avons traduites à la suite du *Beowulf*. Elle fait allusion, tout en étant fort brève, à l'histoire du Vulcain teuton, Weland, à celle d'Attila et de Théodoric de Vérone et à celle du roi Eormanric, dont la tyrannie avait laissé les plus pénibles souvenirs chez les Ostrogoths et les tribus voisines au moment où expirait l'empire romain. Mais ce ne sont là après tout que des ébauches informes et imparfaites. Il nous reste mieux pour avoir une idée à peu près suffisante des chants populaires dont parlent les historiens des premiers siècles de l'ère chrétienne et dont la plupart ont péri sans laisser de traces. Si le vieil allemand conserve dans le *Hildebrandslied* un reste précieux des cantilènes primitives, le vieil anglais n'est pas moins favorisé. Il garde, en effet, comme témoin d'un lointain passé et comme unique spécimen d'une forme littéraire trop vite ensevelie dans l'oubli, le beau fragment du *Combat de Finnsburg*. Celui-ci, que nous avons donné en entier, traite une matière frisonne se rattachant à l'épisode du roi Finn et de sa fin tragique raconté dans le *Beowulf* (v. 1068-1159) et reproduit, semble-t-il, un de ces anciens chants dont la fusion avec d'autres devait par la suite conduire à de vastes compositions épiques. Mais il y manque encore la sérénité d'âme du jongleur qui s'amuse à broder sur son sujet. On y sent un poète tout subjectif pour qui le récit n'est rien et l'action seule est tout, qui s'identifie avec ses héros au point de ne pas songer à les contempler en spectateur, et qui se laisse entraîner par l'ardeur du combat et l'emportement de la passion au lieu de se complaire à de belles narrations.

Mais les années se passent et voici le *Waldere*. Étroitement apparenté au *Waltharius* qu'écrivit en hexamètres latins le moine Ekkehard du monastère de St-Gall[1], il diffère considérablement du *Combat de Finnsburg* par le ton. Bien qu'il n'en soit parvenu à la postérité que deux fragments d'une trentaine de vers — réunis ici avec d'autres petits extraits après le *Beowulf* — l'impression qui s'en dégage est celle d'une œuvre à la fois plus importante et plus littéraire que la précédente. On est porté à croire que les deux morceaux retrouvés se rattachaient à quelque ensemble où la matière d'Attila et de ses otages était traitée avec l'ampleur voulue. En tous cas, l'auteur n'est plus hypnotisé par son sujet au point d'en oublier les détails accessoires qui présenteraient un réel intérêt pour le lecteur. Volontiers il interrompt le cours de l'action pour laisser parler ses personnages et par là l'observation psychologique entre dans son récit. Même il arrive que ce sont des dialogues qui ont été conservés et ces dialogues, loin d'être de courtes et vives répliques comme dans le *Combat de Finnsburg*, s'étendent avec complaisance sur diverses circonstances de la lutte engagée et sur la valeur du héros qui prend la parole. Ils ont bien, semble-t-il, le développement oratoire des apostrophes et des plaidoyers chez Homère et devaient appartenir à un poème de grande étendue. Le *Waldere* constitue donc, pour autant que l'on puisse juger d'après ce qu'il en reste, le début, en quelque sorte, de l'épopée véritable dans l'histoire des lettres anglaises. Il suppose un art déjà consommé, et provient, à n'en pas douter, de quelque scop ou ménestrel de profession.

Le "Beowulf" et son sujet épique.

Jusqu'ici nous n'avons eu affaire qu'à des tentatives plus ou moins heureuses, à de simples ébauches de poèmes narratifs de longue haleine. Avec le *Beowulf* c'est une œuvre complète qui apparaît, isolée cependant, comme pour laisser le regret d'autres œuvres analogues dont on peut soupçonner l'existence à l'aurore du moyen-âge et qui ne sont pas venues jusqu'à nous. Mais, à lui seul, il suffit pour faire entrevoir ce que savait produire la muse épique en pays germanique quand elle traitait une matière empruntée à l'histoire légendaire de la race. C'est en effet un spécimen bien conservé d'une de ces anciennes épopées guerrières nées d'abord sous forme de cantilènes diverses et plus tard fondues ensemble par quelque rhapsode entreprenant. Les apports primitifs se reconnaissent non seulement dans certains épisodes comme ceux de Finn, d'Heremod et de Thrytho, mais encore à des interruptions soudaines du récit et à des inégalités de facture où semblent se trahir les points de suture originels. Il y a donc trace de ces chants spontanés en l'honneur des héros d'autrefois dont parlent les historiens de l'antiquité, et Tacite entre autres, dans son *De Moribus Germanorum*, à propos des prouesses et de la mort d'Arminius. Et pourtant l'on trouve mieux dans le *Beowulf* qu'une série d'incidents au de contes détachés. L'on y découvre un sujet unique se développant avec plus d'art et de logique que n'en comporterait une composition purement populaire et c'est ce qui permet de l'attribuer, comme nous le verrons, à un poète responsable de la rédaction définitive, en tout cas à un jongleur professionnel visant un but proprement littéraire.

Mais pour se rendre compte des conditions dans lesquelles cette œuvre se présente à la critique moderne, il importe de savoir comment et sous quelle forme elle a traversé les siècles. Ainsi que la grande majorité des poèmes en vieil anglais, le Beowulf a été transmis à la postérité en un manuscrit unique, le Codex Vitellius Axv, aujourd'hui déposé au Musée Britannique, et qui faisait partie au 18e siècle du célèbre Fonds Cotton, fortement endommagé par un incendie en 1731. Comme de ces poèmes aussi, il n'en subsiste qu'une version en dialecte anglo-saxon occidental qui paraît transcrite sur un original provenant de l'Anglie. De là bon nombre de termes aux désinences angliennes qui, avec quelques particularités linguistiques du Kent, introduites sans doute par les auteurs de la transcription, détonnent dans un style généralement homogène. Les copistes en question, qui semblent être du 10e siècle, se sont partagé la tâche : l'un d'eux a écrit du commencement de l'œuvre au mot *scyran* du vers 1939 et l'autre la fin ainsi que le poème de *Judith*, qui suit le *Beowulf* dans le Codex Vitellius. C'est au second qu'il faut attribuer le changement de la diphtongue *eo* en *io* et l'adoption presque constante de Biowulf, pour le nom du héros dans cette dernière moitié du manuscrit. Enfin il reste dans le texte actuel quelques traces d'un reviseur qui a corrigé de temps à autre le travail des deux scribes.

De ces faits matériels l'on peut tirer quelques conclusions générales. Les formes angliennes laissent supposer que le premier rédacteur du Beowulf sous sa forme définitive, dut être un scop de Northumbrie ou d'Anglie et c'est également ce qu'indique le long épisode de la reine Thrytho, renfermant l'éloge d'Offa Ier, ancêtre des rois d'Anglie, seul lien apparent entre une matière purement scandinave et les tribus anglo-saxonnes auxquelles s'adressait le poète. De plus, maints détails de grammaire et de syntaxe, qui apparaissent dans le manuscrit transposé en anglo-saxon occidental, marquent un état plutôt archaïque de la langue et apparentent nettement, sous ce rapport spécial, la vieille épopée aux plus anciennes pièces de vers de la littérature anglaise, telles que les charmes d'origine païenne, le *Widsith* et le *Chant de Deor*. D'où il devient probable, *a priori*, que notre poème héroïque remonte à l'époque qui vit se constituer et s'affirmer les premiers grands royaumes de souche germanique sur la côte orientale de l'Angleterre et que la date approximative de sa composition pourrait se placer aux environs de l'an 700 de notre ère. Date qui s'applique, cela va sans dire, à la seule apparition de l'œuvre en tant que cantilènes isolées et éparses, tandis que leur réunion en un même corps de poésie devrait être attribuée à une période postérieure.

Si maintenant on examine le Beowulf en soi, au point de vue de la matière, il apparaît, tel que l'ont montré Mullenhoff et ses émules, comme un amalgame comprenant un nombre variable de récits. Ces critiques allemands, entraînés par l'exemple de Fr. A. Wolf, qui, vers 1795, dépeça l'*Iliade* et l'*Odyssée et en assigna* les débris à une multitude de rhapsodes inconnus, voient partout dans l'épopée anglo-saxonne des redites, des raccords et des interpolations, et sacrifieraient à leurs scrupules les deux tiers de l'ouvrage. Chacun d'eux, à son tour, voudrait accroître la liste des chantres primitifs auxquels seraient dus les principaux fragments, et le tout disparaîtrait sous la marqueterie des morceaux ainsi rassemblés. Heureusement que les plus fougueux partisans de la théorie des auteurs multiples se sont petit à petit assagis et se contentent depuis quelque temps d'hypothèses moins extravagantes. De nos jours, les érudits semblent admettre que si l'on fait abstraction de courts passages peu importants, le fond du poème se compose de trois, ou plutôt même de deux, grandes divisions bien nettes ayant eu probablement une origine distincte et dont l'indépendance foncière ressort encore clairement à la lecture du manuscrit actuel.

C'est d'ailleurs ce que met en évidence une analyse critique de son contenu. Le *Beowulf* commence par un éloge des rois de Danemark et par l'histoire sommaire des premiers souverains de ce pays. De là, le poète arrive au règne de Hrothgar et à la construction dans sa capitale — que l'on s'accorde aujourd'hui à situer non loin de Lejre, dans l'île de Seeland — d'une haute salle décorée de bois de cerfs et appelée pour cette raison le Heorot. Le roi ne jouit pas longtemps en paix avec ses preux du superbe bâtiment. Un monstre du nom de Grendel, habitant avec sa mère les marécages voisins, vient de nuit y assaillir les Danois et emporter des victimes qu'il dévore dans son repaire. Les conseillers du chef cherchent en vain un remède à leurs maux et plusieurs années se passent pleines de deuils et d'affreuse tristesse. C'est alors qu'un jeune noble géate, Beowulf, dont le père Ecgtheow eut jadis à se louer des bons offices de Hrothgar, entend parler de son infortune et se décide à lui porter secours. Il s'embarque au Sud de la péninsule scandinave avec quatorze braves du Gotland, et après une traversée de vingt-quatre heures atteint le littoral danois. Un gardien de la côte les arrête et les interroge. Instruit de leurs projets amicaux, il les met en bonne voie et la petite troupe se présente au Heorot. Là, le souverain les reçoit avec gracieuseté et ils prennent part à un banquet au cours duquel Unferth, l'orateur attitré de Hrothgar, raille Beowulf qui serait incapable d'affronter le monstre puisqu'il a autrefois échoué dans une lutte à la nage contre Breca. Il provoque de la part du héros un démenti formel et une riposte foudroyante. Après le festin, le roi se retire et Beowulf, entouré de ses compagnons, attend l'ennemi. Le monstre survient et engloutit Hondscio. Mais le preux géate le saisit par le bras et Grendel n'échappe à son étreinte qu'en laissant entre ses mains le membre arraché à l'épaule. Le lendemain, Hrothgar, tout joyeux, félicite son hôte et le comble de présents.

Mais cette première aventure est à peine terminée qu'une autre lui succède. Pendant la nuit qui a suivi cette victoire, la mère de Grendel, brûlant de venger son fils, s'est rendue au Heorot et, n'y trouvant pas le noble géate, a tué Aeschere, principal conseiller du roi. Très affligé de cette perte, Hrothgar mande en hâte Beowulf, qui s'engage à poursuivre l'ogresse dans sa retraite. Danois et Géates réunis l'accompagnent jusqu'au bord du golfe ombragé d'arbres sinistres et hanté de bêtes étranges, qui sert de refuge aux monstres. Beowulf fait ses dernières recommandations pour le cas où il ne reviendrait plus et plonge résolument au fond du gouffre. Son armure le protège contre mainte attaque sournoise, mais son adversaire s'avance au devant de lui et l'entraîne dans une caverne sous-marine, dont le sol est à sec hors de portée des vagues. Pendant le duel qui s'engage, son épée lui refuse tout service et il va succomber, quand il parvient à saisir un vieux glaive magique suspendu au mur et grâce auquel il abat son ennemie. Avant de rejoindre les siens, il aperçoit près de lui le cadavre de Grendel dont il tranche la tête pour l'emporter en guise de trophée. Puis il remonte à la surface de l'eau. Seuls, les preux géates, confiants en sa victoire, l'ont attendu. Ils l'escortent derechef à la capitale, où Hrothgar fait une réception magnifique au héros qu'il récompense libéralement et félicite en public. Beowulf prend congé de lui pour rentrer dans son pays. Son oncle Hygelac l'y accueille avec joie, et il lui raconte en détail ses exploits.

Nous sommes ici à un nouveau tournant de l'histoire. En quelques vers le poète nous apprend la mort du roi Hygelac au cours d'une expédition malheureuse contre les Frisons, l'avènement au trône de son fils Heardred qui, peu après, périt à son tour en combattant une invasion venue de la Suède, et l'arrivée au pouvoir de Beowulf. Celui-ci, honoré et craint de tous, règne depuis un demi-siècle, lorsqu'un événement imprévu se produit. Non loin de la résidence royale un esclave fugitif découvre un trésor amassé par des preux d'une époque lointaine et que garde un dragon. Il en dérobe une coupe précieuse qu'il porte à son seigneur pour obtenir son pardon. Furieux de ce vol, le dragon dévaste toute la contrée. Beowulf, muni d'un bouclier en fer, se dispose à livrer combat au monstre. Mais onze guerriers de sa suite l'abandonnent lâchement et seul le douzième, son jeune parent Wiglaf, reste à ses côtés. Les deux champions abattent le reptile, mais auparavant, de ses dents venimeuses, il a blessé à mort le roi. Celui-ci, sentant que sa fin approche, rappelle tristement ses souvenirs de jeunesse et demande qu'on étale sous ses yeux le trésor qu'il a conquis et qu'il devra payer de sa vie. Puis il remet son collier à Wiglaf en ajoutant qu'il veut être enterré au sommet d'un promontoire d'où son tertre funéraire servira de point de repère aux marins. Après un dernier adieu, il meurt. Le chef ami qui le veille prive de leurs droits héréditaires les vassaux poltrons qui ont fui à l'heure du danger et fait exécuter les ordres du maître disparu. Enfin, un héraut annonce au peuple la pénible nouvelle en exprimant ses appréhensions au sujet d'une attaque de la part des Francs ou des Suédois, et Wiglaf préside aux obsèques solennelles du héros national.

Il nous faut noter, en outre, dans l'analyse du poème, un certain nombre d'épisodes ajoutés çà et là et provenant de cycles légendaire qui devaient être bien connus de l'auditoire habituel du scop. Tels sont la cantilène sur le roi Finn et sa fin tragique, chantée au banquet par le ménestrel de Hrothgar (*Beowulf*, v. 1068-1159), et qui rappelle le fragment du *Combat de Finnsburg*, dont il a été question plus haut, la saga sur Sigemund et le dragon (*Beowulf*, v. 871-900), le passage où Hrothgar fait allusion au tyran Heremod, son ancêtre (*id.*, v. 1709-1722), et celui qui traite en quelques vers d'Eormanric, l'odieux despote des Ostrogoths, et du vol, par Hama, du célèbre collier des Brisings ayant appartenu à la déesse Freya (*id.*, v. 1197-1201). Relevons encore le contraste établi entre la douce Hygd, épouse de Hygelac, et l'orgueilleuse Thrytho que put seul dompter son mari Offa Ier, roi des Angles continentaux (*id.*, v. 1931-1962), et les indications un peu vagues fournies sur la lutte entre les Géates et les Suédois, ainsi que sur le raid avorté de Hygelac contre les Frisons (*id.*, v. 2354-2390 et v. 2922-2998). Ces différents morceaux, qui forment à proprement parler des hors-d'œuvre dans l'ensemble, sont autant de fenêtres, en quelque sorte, par lesquelles le regard plonge dans la masse confuse des mythes germaniques et qui relient le *Beowulf* aux essais d'épopée nés vers la même époque ou plus tard en Angleterre et en Allemagne. Mais étroitement unis au développement d'une action continue et à la peinture d'un caractère de chef unique et idéal, ces épisodes ajoutent de la variété à la narration héroïque.

    L'ouvrage ainsi constitué d'éléments divers, mais fondus en un seul tout, comment s'est-il présenté aux contemporains de l'adaptateur définitif ? Ici les avis diffèrent suivant le point de vue des critiques. Pour les uns, le Beowulf ne serait que la continuation ou l'amplification de fragments poétiques que des bardes errants colportaient d'une cour anglo-saxonne à une autre, et qu'ils déclamaient en s'accompagnant d'une mélopée fort simple où la note musicale venait à point nommé renforcer le sens du vers et rehausser l'impression tragique. Pour les autres, il s'agit vraiment non d'un air plus ou moins modulé par les sons d'une harpe grossière, mais d'un poème de longue haleine dû à un auteur déjà cultivé. Il l'aura confié à l'écriture dans le scriptorium de quelque monastère pour édifier et délecter des auditoires variés auxquels un interprète instruit était chargé de le réciter. Le *Beowulf* lui-même, dit-on, confirme la première de ces deux hypothèses, puisqu'il nous laisse voir le scop moitié musicien, moitié conteur, qui charme une assemblée de guerriers en chantant des légendes du temps passé. Mais il convient de remarquer que les chants ainsi répétés sont invariablement fort courts et correspondent plutôt aux vieilles cantilènes d'inspiration lyrique et passionnée. L'épopée qui les reproduit n'a plus ce caractère. Par son ampleur même — plus de trois mille vers — elle se prête mal à la déclamation rythmée, tandis que son développement logique et calme, ses sages aphorismes et ses appels à la réflexion semblent réclamer soit un jongleur récitant l'ouvrage en plusieurs séances consécutives après une étude qu'il en ferait à tête reposée, soit un lecteur parcourant un manuscrit pour son seul plaisir.

Les éléments païens du "Beowulf"

Quant à la trame même de l'épopée, elle comporte un singulier mélange d'apports bien différents par leur âge et leur nature. Les plus anciens remontent à une époque fort reculée et incontestablement païenne. Pour qui les considère d'un peu près, ils rappellent les conditions dont Tacite parle dans le *De Moribus Germanorum* comme prévalant chez les Teutons au premier siècle de notre ère. L'on y retrouve en effet, tant chez les Géates que chez les Frisons, la coutume de l'incinération des morts, qui cessa plus tard après un contact assez prolongé avec les Romains et dès avant l'introduction du christianisme. Ce changement, du reste, semble s'annoncer dans le *Beowulf* car l'ancêtre des rois danois, dont les obsèques navales ouvrent le poème, est simplement livré aux flots sur un navire chargé de trésors, sans que l'embarcation soit au préalable incendiée, et jamais il n'y est question de bûchers funéraires au Danemark, d'où cet usage préhistorique paraît avoir déjà disparu. Un autre détail conforme à ce que rapporte l'historien latin est l'étroit lien de parenté existant entre un oncle et le fils de sa sœur, curieux vestige d'un état de choses où l'héritage se transmettait dans la ligne de descendance féminine et où une femme, qui était de droit prêtresse de la divinité nationale, exerçait une réelle souveraineté sur toute la tribu. Voilà qui explique les rapports existant entre le roi Hrothgar et son neveu Hrothulf, à qui Wealtheow recommande ses deux jeunes fils au cas où le père et la mère viendraient à leur être enlevés. C'est aussi ce qui justifie la reine Hygd, quand, à la mort d'Hygelac, elle offre le trône à Beowulf, au détriment d'Heardred, que son cousin se refuse à évincer. Et c'est là peut-être la raison première et atavique du rôle prestigieux joué par les femmes dans la société que nous dépeint le scop.

Par contre, si la préhistoire se continue en certaines coutumes que décrit l'œuvre épique, le paganisme lui-même ne se manifeste dans le Beowulf que par des traces parfois difficiles à reconnaître. Il est évident que le rédacteur anglo-saxon ou bien ne s'en est pas douté ou qu'il a pris soin de le dissimuler, ce qui s'accorderait d'ailleurs avec cette teinture de christianisme qu'il s'est efforcé de donner à l'ensemble. Mais les débris épars des vieilles croyances païennes n'en sont que plus significatifs et que plus précieux à recueillir pour qui veut s'assurer de l'antiquité des traditions à la base des sagas dont l'auteur définitif s'est inspiré. L'un des plus curieux se rattache à la prédilection des guerriers pour des casques pourvus d'images de sangliers. Beowulf et ses compagnons s'en recouvrent (*Beowulf*, v. 303-305, 1111-1112 et 1448-1454), et le premier texte dit expressément : « Le verrat faisait garde », indiquant par là que l'homme ainsi équipé se place sous la protection de Freyr, divinité adorée jadis par les tribus voisines de la Baltique et de la mer du Nord. C'est aussi ce qu'implique l'étendard à la hure de sanglier dont Hrothgar récompense le vainqueur des monstres (*Beowulf*, v. 2152). Enfin, c'est une déesse bien connue que rappelle le fameux collier des Brisings dérobé par Hama (ou Heime, dans la tradition allemande) et qui avait appartenu à Freya (*id.*, v. 1197-1201). Le titre de *bealdor* ou prince, attribué aux chefs des Géates et à eux seuls (*id.*, v. 2428, 2567), provient sûrement du culte de Balder, pratiqué dans la Suède méridionale, comme le surnom patronymique d'Ingwine (amis d'Ing), donné aux Danois, de celui d'un ancêtre divin dont le souvenir s'était effacé avec le temps. D'après le critique Sarrazin, quand il est question, à propos du meurtre involontaire d'Herebeald commis par son frère Haethcyn, du supplice de la pendaison (*id.*, v. 2444-2448), il faudrait voir dans ces vers une allusion voilée aux rites du dieu Odin, que l'on honorait à Upsala en lui offrant des victimes suspendues vivantes aux arbres de son bois sacré. Enfin le poète reconnaît formellement l'existence de sanctuaires d'idoles que consultent en vain les conseillers de Hrothgar, mais il n'en parle que pour les condamner (*id.*, v. 175-182).

Cette réticence s'explique de la part d'un reviseur chrétien et peut-être rattaché à quelque monastère anglo-saxon. Elle ne semble pas prévaloir au même point chez lui lorsqu'il s'agit seulement de mythes plus ou moins vagues dont la signification religieuse s'était perdue. Tel est le cas dès le début du *Beowulf*, où l'histoire du fondateur de la dynastie danoise, Scyld, fils de Scef (l'enfant du bouclier et l'enfant de la gerbe), n'est sans doute qu'une déformation de quelque légende primitive se rapportant aux origines lointaines de l'agriculture. Du même cycle de croyances naïves relèvent la foi aux armes ensorcelées, telles que l'épée dont le héros géate s'empare dans la caverne sous-marine, et à la magie qui protège contre les atteintes du fer les êtres surnaturels du poème, Grendel et sa mère (*id.*, v. 804-5 et 1523), ou bien encore la superstition du mauvais œil (l'*invidia* des Latins et la *jettatura* des Italiens) qui tarit en un instant les forces de la vie (*id.*, v. 1760). Enfin la vieille épopée conserve des ressouvenirs confus du Panthéon germanique dans la mention du forgeron divin, Weland (*id.*, v. 452-455), qui a tissé la cotte de mailles du vainqueur des monstres, et dans celle de Wyrd, que le barde confond le plus souvent, de propos délibéré, avec la Providence (*id.*, v. 1055-1058), alors qu'en réalité c'est une personnification du destin auquel l'homme ne saurait résister. Et sans qu'il soit possible de préciser les détails absolument étrangers au christianisme, notons combien les obsèques de Beowulf, au cours desquelles pourtant le nom des dieux païens n'est pas une seule fois prononcé, se rapprochent des cérémonies du paganisme, des funérailles d'Achille dans l'*Iliade* et de celles du roi des Huns, Attila, à l'époque de l'invasion des barbares qui se partagèrent les débris de l'empire romain. Il plane en effet sur la fin de l'œuvre épique comme une atmosphère de temps préhistoriques que toute la vigilance du diascévaste définitif n'a pas pu dissiper.

En vue d'expliquer cet ensemble de récits légendaires, l'on eut recours, au siècle dernier, à la théorie des mythes naturels. Le *Beowulf*, pour la plupart des critiques qui cherchèrent à en comprendre les procédés de composition, proviendrait simplement d'une série de symboles fort anciens exprimant sous une forme imagée la lutte victorieuse du printemps contre les frimas hivernaux et plus tard le retour offensif du froid auquel, malgré son charme et sa force, l'automne doit succomber. À quelques détails près, c'est là presque toujours l'interprétation classique du sujet de la première épopée anglo-saxonne, et Gr. Sarrazin l'adopte également à la fin de l'étude savante qu'il en a faite dans ses *Beowulfstudien*[2]. L'inconvénient de cette méthode d'exégèse, mise en vogue pour les poèmes primitifs par le sanscritiste Max Muller, c'est de s'adapter indifféremment à des œuvres quelconques et de se prêter aux combinaisons les plus invraisemblables. On prétend s'en servir comme d'une clef passe-partout pour les ouvrages les plus divers d'esprit et de facture. Mais on ne prouve rien en voulant trop prouver, et les solutions universelles deviennent suspectes par leur universalité même. Aussi nous parait-il plus plausible d'admettre, avec le critique Panzer[3], que, loin d'être un pur mythe solaire, le *Beowulf* se rattache au folklore primitif si répandu chez les peuples à demi-civilisés. Le héros relèverait alors non d'un symbolisme vague et enfantin, mais d'une de ces vieilles légendes déjà en faveur avant la naissance de l'histoire proprement dite et qui se retrouvent dans les contes de Perrault et dans d'autres récits populaires. Il appartiendrait à la catégorie bien connue des dompteurs de bêtes monstrueuses qui, dédaignés pendant leur jeunesse, se révèlent plus tard au monde étonné avec le prestige d'une vigueur surhumaine et d'une sagesse merveilleuse et grâce à des coups d'éclat qui confondent leurs détracteurs. En d'autres termes, il fait partie de la lignée de l'Hercule grec qui abattit l'hydre de Lerne, de Persée vainqueur de Méduse et sauveur d'Andromède, de Saint Georges de Cappadoce qui transperça le dragon, et se rapprocherait enfin de ce Jean l'Ours — le nom d'ours n'a-t-il pas été proposé comme la traduction exacte du nom de Beowulf ? — dont ma mère l'Oie et ses émules vantaient les exploits aux paysans de nos campagnes. Et par là l'œuvre épique qui ouvre la littérature anglaise prend un recul extraordinaire et nous reporte bien au-delà de l'ère chrétienne et même de l'histoire authentique des tribus germaniques primitives.

Il y a comme une confirmation de ces origines lointaines dans le fait que maints détails du récit ramènent le lecteur à une époque de civilisation rudimentaire. C'est ainsi que la mention assez fréquente d'armes et de heaumes bruns (p. ex. : *Beowulf*, v. 1546, 2578, 2615) dénote probablement l'existence de lames et de plaques anciennes en bronze, telles qu'on en rencontre à partir de l'âge de la pierre polie et avant la découverte des métaux que la nature ne fournit pas à l'état pur. Le fer, dans le poème, paraît d'introduction plus récente, mais il sert aux usages les plus variés, à la fabrication d'épées (*Beowulf*, v. 673, 802, 892, 1459, 2778), de cottes de mailles (*id.*, v. 671, 2986) et de flèches ou de dards (*id.*, v. 3116), tandis que l'acier, à en juger par les deux endroits où il est cité (*id.*, v. 985 et 1533) reste précieux et rare, apprécié surtout pour sa dureté exceptionnelle. Les méthodes de combat s'accordent avec ces moyens d'attaque primitifs et l'on voit, au vers 2957, le chef suédois Ongentheow, par crainte des forces supérieures de son adversaire Hygelac, se réfugier derrière un de ces remparts de terre qui ont laissé des traces nombreuses en Angleterre et en France sous le nom de *Danes' barrows* ou de camps de César. Si l'or est bien connu et représente avant tout la richesse (*id.*, v. 304, 614, 715, 1800, 2414, 2748), alors que le bétail en demeure le principal signe chez Homère, il n'est nulle part question de l'argent[4] que certaines tribus germaniques lui préféraient, au dire de Tacite (*De Moribiis Germanorum*, ch. V). Notons aussi comme un indice d'antiquité relative, la position de certaines tribus, qui suppose souvent une date antérieure à la migration des barbares. Th. Arnold remarque que les Gifthas, en qui Ettmuller reconnaît, sans doute avec raison, les Gépides de l'histoire, au lieu de résider en Dacie, comme le rapporte Jornandes, sont fixés près des Danois sur les bords de la Baltique. De même les Hugas, qui correspondent aux Chauci de Tacite, habitent le littoral de la mer du Nord (*Beowulf*, v. 2502, 2914), et les Heathobards, que leur nom apparente aux anciens Longobards ou Lombards, se rencontrent encore dans le voisinage du Danemark (*id.*, v. 2032, 2037), alors que les historiens du

5ᵉ siècle les situent sur le cours moyen du Danube. Quoique remontant moins haut dans le passé que les indications relevées ci-dessus, ces détails géographiques nous replacent également en pleine période païenne.

S'il fallait une preuve subsidiaire de l'ancienneté des traditions recueillies dans le *Beowulf*, l'aspect qu'y revêtent quelques légendes du vieux temps nous la fournirait. De même que, dans le *Waldere,* le rôle de la femme stimulant le preux au combat est plus conforme à l'idéal primitif des Germains que celui dont la pourvoit le *Waltharius*, de même la saga de Siegfried et du dragon se présente ici sous des traits plus archaïques que dans les *Eddas* ou le *Nibelungenlied.* Dans l'épopée anglo-saxonne, en effet, la défaite du dragon et la conquête du mystérieux trésor sont attribués à Sigemund lui-même — apparemment chef danois — et l'auteur ne lui connaît d'autre enfant que Fitela (le Sinflötli de la *Volsunga Saga* islandaise). Mais par un phénomène fréquent dans d'autres cycles épiques, tels que ceux de Charlemagne et du roi Arthur, lorsque les populations de la Germanie proprement dite se furent emparées du mythe, le siège du royaume où régnait le vainqueur des monstres fut situé sur le Rhin, à Xanthen, et les exploits de Sigemund furent tranférés à Siegfried, dont on fit son fils. Ajoutons que les noms des personnages principaux prennent dans le *Beowulf* une forme plus ample qui confirme au point de vue linguistique l'antiquité des données fondamentales du poème. C'est ainsi que chez Saxo Grammaticus et dans les *Eddas*, les noms de

Healfdene et de ses fils Hrothgar et Halga (*Beowulf*, v. 57, 61) se retrouvent contractés en Halfdan, Hroarr ou Roe, et Halgi. Le neveu de Hrothgar, Hrothulf, devient le célèbre Hrolfr Kraki. Le fils du roi Ohthere de Suède, Eadgils, apparaît comme Athils, et Onela, le frère d'Ohthere, comme Ali. D'autre part, la présence d'éléments plus récents se trahit dans la mention des Mérovingiens (*id.*, v. 2921) et dans le mot même de Danois, inconnu avant le 5e siècle de l'ère chrétienne, qui désigne des peuplades ignorées des premiers historiens de la Germanie.

Les traces d'une civilisation nouvelle.

À côté du fond antique, et sous certains aspects même préhistorique, il convient de signaler les marques d'une civilisation bien plus avancée et relativement récente, si l'on tient compte de la date approximative de composition du *Beowulf*. À proprement parler, c'est l'apport des adaptateurs successifs et peut-être, plus sûrement encore, du dernier reviseur. Comme les Germains de Tacite, les tribus citées au cours du poème pratiquent l'équitation et connaissent l'usage du cheval en temps de paix et de guerre, bien qu'au combat le coursier soit plutôt réservé au chef et à ses parents (*Beowulf*, v. 1035-1039, 1399-1402). Alors que leurs ancêtres ne semblent guère avoir eu d'autre arme défensive que le bouclier, ici les princes danois et géates sont revêtus de cottes de mailles pareilles à celles que l'on a découvertes au 19ᵉ siècle dans maints tumulus scandinaves. Ils paraissent les avoir adoptées au contact des Celtes, qui furent leurs premiers voisins en Occident, comme ils adoptèrent l'art de construire et d'équiper des navires, lorsqu'ils eurent atteint les rivages de la mer du Nord. Mais c'est aux Romains qu'ils furent redevables de l'écriture, et ce progrès les différencie par exemple nettement des héros homériques, chez qui les documents écrits font entièrement défaut. On sait aujourd'hui que les runes sont une imitation par entailles sur bois des lettres de l'alphabet latin, imitation due à la première rencontre des deux civilisations du Nord et du Midi. Il est vrai qu'elles conservèrent longtemps, ainsi que leur nom l'indique (*run* voulant dire conseil caché), un sens mystérieux qui se retrouve d'un bout à l'autre du poème, mais elles sont d'un emploi constant lorsqu'il s'agit de nommer le possesseur de quelque épée précieuse (*Beowulf*, v. 1695-1697). Sous ces divers rapports, les contemporains de Hrothgar l'emportent incontestablement sur les Teutons du siècle de Tacite.

D'autres signes manifestent l'avance accomplie par les héros du *Beowulf*. Si les routes pavées qu'établirent les légionnaires de Rome les frappent d'étonnement comme l'œuvre d'une race supérieure et étrangère — le mot même de *straet* (strata), est un emprunt au latin — ils ont une certaine pratique de l'architecture, ainsi qu'en témoigne la construction du Heorot. Ils connaissent aussi la voûte, *stanboga* (*id.*, v. 2545 et 2718), dont on ne trouve aucune trace à cette époque en Scandinavie et dont ils ont dû apprendre l'usage des peuples du Midi. Le fait qu'il est souvent question de compensation pécuniaire pour meurtre (*id.*, v. 470, 2441) et la mention de trésors, à maintes reprises (*id.*, v. 894, 2193, 2344, 2763-2766), ainsi que de l'attrait d'une grande masse d'or (*id.*, v. 2764-2766), prouvent que le numéraire leur est familier, sans doute grâce au voisinage de la civilisation méditerranéenne. C'est du reste ce que semble indiquer la dérivation latine de termes qui désignent des objets précieux, tels que des plats (*discas, id.*, v. 2775, 3048, venant de *discus*) ou des aiguières (*orcas, id.*, v. 2760, 3047, venant de *urceus*). Une conclusion identique ressort de la présence des tapisseries (*web aefter waegum, id.*, v. 995), sur les murs de la grande salle de Hrothgar et de l'emploi d'une ancre (*ancor, id.*, v. 303, 1883, 1918, tiré de *ancora*) pour fixer les embarcations en rade. Il y a plus. La consommation du vin (*win, id.*, v. 1162, 1233, 1467, imité de *vinum*), à côté de la bière et de l'hydromel, et la désignation de salle de vin (*win-aern, id.*, v. 654 et *win-sele, id.*, v. 2456), donnée au Heorot, supposent un commerce suivi avec les districts vinicoles du Sud de la Gaule, commerce qu'il est difficile de concevoir entre ces régions et les pays scandinaves. Autant de preuves, au cours du poème épique, d'un apport nouveau et plus récent que celui dont les Anglo-Saxons étaient uniquement redevables à leurs ancêtres lointains.

Certaines coutumes bien différentes de celles que leur avait léguées l'antiquité confirment d'ailleurs notre conjecture. C'est ainsi que le bûcher funéraire a disparu des mœurs du peuple danois dont l'épopée fait plus d'une fois l'éloge et qu'il est remplacé par l'ensevelissement tel que le pratiquaient les Celtes et les Latins[5]. Les institutions de l'État sont aussi plus complexes dans le *Beowulf* que dans la communauté germanique primitive. L'on remarque par exemple autour du roi Hrothgar un cérémonial inconnu aux chefs du temps d'Arminius. Sa cour comporte un introducteur des étrangers, Wulfgar (*id.*, v. 335-355), un orateur officiel, Unferth (*id.*, v. 1165-1166, 1456), un ménestrel attitré (*id.*, v. 1066-1067) et plusieurs conseillers dont le principal est Aeschere, que la mère de Grendel tue pour venger la mort de son fils (*id.*, v. 171-174 et 1323-1325). Si le chant est en honneur auprès des anciennes peuplades moins civilisées, il semble que la musique elle-même et l'usage des instruments à vent et à cordes se soient considérablement développés depuis le début de l'ère chrétienne. En plus de la trompette et du cor (*byme* et *horn*, *id.*, v. 2943 et 1432), il faut noter la harpe (*hearpe*, *id.*, v. 89, 2107, 2262 et *gleo-beam*, *id.*, v. 2263) et peut-être une sorte de viole rustique (*gomen-wudu*, *id.*, v. 1065, 2108) qui, comme la harpe, guidait la voix et soutenait le récitatif du scop. Enfin la conception du rôle de la femme s'est modifiée avec le raffinement de la vie. Loin de pousser à la guerre, suivant l'exemple des Walkyries légendaires ou des contemporaines de Thusnelda, le poète nous la représente contribuant à apaiser les querelles survenues entre tribus voisines (*id.*, v. 2027-2029) et méritant le beau nom de « tisseuse de paix » (*freothu-webbe*, *id.*, v. 1942) ou de

« pacificatrice des peuples » (*frithu-sibb folca, id.,* v. 2017). En contraste avec la rudesse d'autrefois, il y a là un adoucissement général et significatif.

Le progrès des mœurs est donc évident depuis l'époque de l'historien Tacite. Cela ressort non seulement de l'influence modératrice et bienfaisante attribuée au sexe faible, mais de l'atmosphère spéciale à l'épopée tout entière. On le sentira encore mieux, si l'on vient de relire le *Combat de Finnsburg* et le *Waldere*. Chez les personnages du *Beowulf,* et notamment dans la famille du roi Hrothgar et du chef géate qui accourt à son aide, le barde fait ressortir, au même titre que les vertus guerrières, des caractéristiques plus douces et plus humaines. Chez le grand-père de ce dernier, Hrethel, lorsque son fils aîné meurt accidentellement par le fait de son frère Haethcyn, l'affection paternelle se manifeste de la façon la plus touchante sous la forme d'un cœur brisé (*id.,* v. 2460-2469), phénomène inconcevable au temps d'Arminius et de ses émules. La reine Wealtheow montre ses sentiments maternels quand elle recommande, en termes émouvants, ses jeunes garçons à leur cousin Hrothulf (*id.,* v. 1180-1187), et l'amour conjugal apparaît dans le salut qu'elle adresse à Hrothgar (*id.,* v. 1169-1180) et dans la tendresse d'Ingeld pour Freawaru (*id.,* v. 2065) avant la rupture des relations entre Heathobardes et Danois. L'on s'aperçoit à certaines réflexions du poète, au contraste qu'il établit soigneusement entre le tyran Heremod et Beowulf (*id.,* v. 1709-1722), ainsi qu'aux paroles qu'il met sur les lèvres du héros à la veille de disparaître (*id.*, v. 2732-2739), du changement accompli au cours des générations. Il y a comme un idéal nouveau et déjà presque chevaleresque séparant les souverains danois et géates de leurs lointains prédécesseurs uniquement préoccupés de batailles et de pillage. L'on y découvre l'indice évident d'une évolution morale étrangère aux pères de la race, mais qui s'est accentuée avec la fuite des siècles chez les Anglo-Saxons fixés sur les côtes anglaises.

Remaniements chrétiens apportés au poème.

Ces modifications essentielles posent le problème de l'influence chrétienne qui a pu affecter, la rédaction de l'œuvre épique. Pour Mullenhoff et pour la plupart des critiques allemands, il s'agit d'une action tout extérieure et de passages manifestement interpolés qui se détacheraient d'eux-mêmes du texte primitif. Mais on a observé justement que les vers où le christianisme, sous quelque forme que ce soit, a laissé sa marque, sont trop nombreux, et surtout trop uniformément répartis d'un bout à l'autre du *Beowulf*, pour qu'il soit possible de les écarter de prime abord et sans examen. Sans doute leur présence se révèle le plus souvent par un changement de ton en contraste frappant avec l'esprit et le fond païens qui ont passé des cantilènes dans l'ensemble définitif. On s'en aperçoit de temps en temps à des illogismes curieux, par exemple à la contradiction entre les conseillers de Hrothgar, qui consultent les idoles (*Beowulf*, v. 175-183) pour conjurer un malheur public, et leur souverain, qui remercie le Dieu unique de sa délivrance (*id.*, v. 925-931), à l'opposition entre la passion de l'or et des trésors attribuée au vainqueur géate et l'amour de la grâce divine qui l'emporte seul chez lui (*id.*, v. 2535-2537 et v. 3074-3075), ou encore à la conception de la Providence, qui, sous certains aspects, se rattache à la mythologie germanique. Mais à tout prendre, l'élément monothéiste et chrétien, loin d'être un simple placage, est un remaniement voulu et conscient qui pénètre jusqu'au tréfonds de l'épopée.

Comme on pouvait s'y attendre, on doit constater dans le *Beowulf* que le christianisme, tardivement surajouté, a subi plus d'une déformation et s'amalgame sous une forme parfois étrange aux restes déjà signalés de croyances païennes. C'est le cas, nous avons eu l'occasion de l'observer plus haut, de la notion de *Wyrd*. Primitivement déesse reconnue et redoutée par les guerriers barbares, en tant que personnification du destin inexorable, elle conserve au cours du poème une partie de ses anciens attributs et, par moments, semble y constituer une entité bien distincte. Quand l'auteur dit du roi Hygelac, au vers 1205 : « Wyrd l'enleva » ou des vassaux danois, au vers 477 : « Wyrd les a enlevés dans l'assaut terrible de Grendel », ou que Beowulf mourant s'écrie, aux vers 2814-15 : « Wyrd a emporté tous mes parents vers le sort décrété par là Divinité », il est infiniment probable que nous avons affaire à une conception remontant au paganisme. C'est ce que fait apparaître encore mieux le passage suivant : « Wyrd était… près, qui devait aborder le vieillard, aller trouver le trésor accumulé de l'âme, séparer du corps la vie » (*id.*, v. 2420-2423), où l'image d'une déesse présente et active vient naturellement à l'esprit du lecteur, et cet autre : « il devra advenir de nous au rempart, comme Wyrd le décidera pour nous, le sort de chaque homme » (*id.*, v. 2526-2527), où « sort » traduit le mot *metod*, ailleurs réservé à Dieu Lui-même. Mais cette antique personnification prend parfois une teinte chrétienne et se transforme insensiblement en Divine Providence, en quelque chose qui rappelle la Hagia Sophia des Byzantins, quand le poète remarque, à propos du roi géate : « s'il… devait… remporter renom à la bataille, comme la Destinée ne le lui attribua pas » (*id.*, v. 2573-2575). Ou bien encore il subordonne nettement le vieux Fatum au Créateur, en disant « la Destinée les a enlevés dans l'assaut terrible de Grendel. Mais sans peine Dieu peut arrêter dans ses méfaits ce meurtrier insensé » (*id.*, v. 477-479) et en déclarant que le monstre aurait fait bien plus de victimes, « si le Dieu sage et l'humeur courageuse de cet homme n'avaient écarté la destinée » (*id.*, v. 1056-1057). Et par un phénomène connexe mais inverse, certains détails de l'Histoire Sainte se prêtent dans l'épopée à une interprétation païenne. Tel est le cas lorsque le scop attribue à Grendel et à sa mère une généalogie légendaire. D'après lui, ils seraient les descendants de Caïn (*id.*, v. 1258-1265) et se rattacheraient à la race des géants nés, suivant le chapitre 6 de la Genèse, du commerce entre les fils de Dieu et les filles des hommes (*id.*, v. 102-110). Nous assistons ici à la formation d'une fable nouvelle où les données de la Bible se greffent sur celles que fournissaient les vieilles croyances germaniques. Les commentateurs juifs et latins des textes sacrés ont pu contribuer à ces étranges notions. Mais il n'en reste pas moins vraisemblable qu'elles continuent certaines traditions ancestrales dont la persistance a favorisé l'éclosion de mythes d'apparence chrétienne.

Au reste, à cette époque lointaine où la doctrine du Christ vient à peine d'atteindre la côte occidentale de l'Angleterre, et notamment le royaume de Mercie qu'elle met longtemps à conquérir, on ne saurait s'étonner qu'elle apparaisse chez les premiers ménestrels avec un caractère équivoque et indécis. À ne considérer que les passages déjà signalés du *Beowulf*, le rédacteur qui les a introduits ne devait posséder que des notions bien imparfaites au sujet des dogmes de l'Église. Le christianisme y est à ce point atténué et réduit que le mot de Sauveur n'y figure pas, même lorsque le scop, avec une insistance marquée, rend hommage à la Divinité (p. ex. : *Beowulf*, v. 180-183). Il ne semble connaître que l'Ancienne Alliance, la Nouvelle demeure lettre morte pour lui. C'est ainsi qu'il se représente Dieu comme le Seigneur au verbe souverain qui dispose à Son gré de la vie des mortels (*id.*, v. 1725-1727). Il voit en Lui le Juge sans appel des actions humaines (*daeda Demend*, *id.*, v. 181 et v. 2858-2859)[6], Celui qui s'irrite contre le mal (*id.*, v. 711 et v. 2329-31) et qui condamne le criminel (*id.*, v. 977-979), le seul et vrai Maître de l'Univers (*id.*, v. 1609-1611, l'Éternel (*id.*, v. 1779). C'est le Dieu Saint et Sage (*id.*, v. 685-686 et v. 1552-1555), le Roi Tout-Puissant (*id.*, v. 92, 701-702), le Conservateur de l'Honneur (*id.*, v. 931), Celui qui soutient Ses serviteurs (*id.*, v. 72, 1272-1273, 1658-1664) et leur accorde la victoire (*id.*, v. 2874-2876 et v. 3054-3056). Mais jamais au cours du poème il n'est question de la Trinité, comme au début du fragment de *Judith* (v. 83-86) qui accompagne le *Beowulf* dans le manuscrit original, et l'idée même de la rédemption paraît étrangère au poète. Sans doute Mullenhoff a prétendu découvrir aux vers 1745-1747, faisant partie du discours de Hrothgar, une imitation du Nouveau Testament (*Éphésiens*, ch. VI, v. 16). Mais ce rapprochement ne résiste pas à un examen critique et rien ici ne rappelle en effet quelque écrit de l'âge apostolique. Si le barde anglais avait lu et médité les évangiles et les épîtres de Saint Paul, il en serait resté des traces plus manifestes dans son œuvre, tandis que le vague monothéisme qui ressort de ses vers n'est que l'expression de connaissances chrétiennes bien rudimentaires.

Cela étant, il n'y a pas lieu d'être surpris si ces croyances, dernier apport fait à l'épopée dans son ensemble, n'ont eu qu'une faible influence sur la rédaction définitive. Réduites à un petit nombre de notions abstraites d'origine juive, elles constituent le minimum de ce qu'a pu prendre au christianisme un esprit encore tout pénétré d'idées païennes et pourvu d'une culture très élémentaire. Pas plus que jadis la prédication de l'évêque Ulfilas chez les Goths, elles n'ont réussi à refouler chez l'aède anglo-saxon le farouche amour des combats, le plaisir de la vengeance et le respect instinctif des décisions imposées par la violence. La mentalité d'un peuple à peine civilisé ne se transforme pas ainsi au premier contact avec des vérités nouvelles qui, après plus de treize siècles de diffusion, n'exercent encore, les faits contemporains nous le prouvent, qu'une action bien peu efficace sur telle ou telle nation de race germanique. Ce qui, dans le *Beowulf*, relève peut-être de l'enseignement des premiers missionnaires, c'est l'appel constant, au cours du récit, à la justice divine (cf. *id.*, v. 1555-1556, 2330, 2738-2739, 3058-3060 et au droit (*id.*, v. 1700-1701, 2056), c'est l'appréciation, chez les personnages principaux du poème, de qualités purement morales, telles que la rectitude et la bonté comme elles apparaissent dans le dernier adieu du héros géate (*id.*, v. 2739-2743) et dans l'éloge que font de lui ses vassaux en deuil, lorsqu'ils proclament qu'il a été « un grand roi du monde, le plus doux des humains et le plus débonnaire aux hommes, le plus aimable pour ses gens et le plus avide de louanges » (*id.*, v. 3180-3182). Peut-être aussi l'influence chrétienne est-elle pour quelque chose dans ce sentiment de la précarité de l'existence et de la force d'âme exigée des meilleurs d'entre les mortels qui enveloppe l'épopée d'une atmosphère toute spéciale. Et s'il en était ainsi, l'on pourrait attribuer pour une part notable au christianisme primitif cette vague mélancolie qui s'empare de l'esprit à la lecture des plus anciennes pièces de vers anglaises.

Comment est né le poème de "Beowulf".
Hypothèses diverses.

L'épopée dont on vient d'étudier les éléments fondamentaux soulève de nombreuses questions quant à sa composition littéraire. Sa complexité même a donné lieu aux conjectures les plus variées, dès qu'il s'est agi d'expliquer son apparition en vieil anglais. Pour un certain nombre de critiques, le *Beowulf,* bien qu'écrit en anglo-saxon, relèverait uniquement de quelque œuvre nordique, et sa structure intime comme sa filiation directe le rattacheraient aux plus anciens monuments de la poésie scandinave. Par le fond, il dériverait des cantilènes populaires répandues en Danemark et en Suède, dont un ménestrel anglien ou mercien se serait inspiré. Sa donnée païenne, la forme spéciale des légendes qu'il a redites, les noms qu'il célèbre et qui se retrouvent pour la plupart dans le recueil des mythes islandais en feraient une branche, isolée sans doute à la suite de quelque singulier hasard, mais apparentée à tout l'ensemble des traditions familières aux pays septentrionaux. C'est la thèse que soutenaient au siècle dernier les érudits de Copenhague avec quelques confrères anglais et allemands. L'un de ceux-ci, H. Möller, au cours d'un travail intitulé : « Le *Beowulf* et les autres fragments de l'épopée populaire en vieil anglais sous leur forme originelle et strophique[7] », alla plus loin que ses prédécesseurs. Il prétendit retrouver dans notre texte la division en quatrains réguliers chère aux *Eddas* poétiques dont ce texte ne serait dès lors qu'une imitation étrangère anticipée. Thèse ingénieuse, mais des plus sujettes à caution. L'on remarque que la répartition en quatrains, souvent fort arbitraire, entraîne de multiples difficultés et que la pratique de l'enjambement, si constante chez le scop du *Beowulf*, la contredit formellement. Enfin, les traces relevées plus haut d'une civilisation déjà raffinée et de mœurs plus douces, dont rien ne laisse soupçonner l'existence chez les Vikings du 8e siècle de l'ère chrétienne, ne permettent pas d'adopter la solution un peu simpliste qui vient d'être exposée.

L'hypothèse d'une provenance entièrement scandinave ne pouvait que conduire à l'idée d'une traduction intégrale. C'est à cette conception que se rallie Gregor Sarrasin, l'un des critiques qui ont le mieux étudié le *Beowulf*. Après avoir établi que le fond du poème est dû sans doute au Danemark et à la Suède et que certains éléments linguistiques en paraissaient empruntés aux idiomes du Nord, il s'est demandé si l'original, qui aurait servi de modèle à l'aède anglais, n'était pas, non une série de cantilènes primitives, mais une œuvre proprement littéraire rédigée en langue danoise. Une fois entré dans cette voie, il devait lui être relativement facile de découvrir l'auteur probable de l'original ainsi compris. Et c'est ce qui arrive en effet. Il finit par l'attribuer sans trop d'hésitation « à un Thul ou Skalde, comme il appert de la forme artistique de la composition et des nombreux *kenningar* (ou composés métaphoriques), mais surtout des exhortations à la générosité faites en passant »[8]. Et comme il nous est parvenu quelques noms de ménestrels de ces temps éloignés, il rattache de confiance à l'un d'entre eux son premier *Beowulf* dont il dit qu'il a « sans doute été composé ou refondu par le skalde Starkad vers l'an 700 à la cour du souverain danois Ingeld, à Lethra »[9]. Conjecture curieuse, sinon intéressante, car l'on ignore absolument si le poème anglais dépend d'un prototype unique et rien ne le prouve. L'on ne sait pas non plus avec certitude si le célèbre Starkad a existé, et ce personnage nébuleux semble appartenir à la légende plutôt qu'à l'histoire. Enfin, rien n'indique qu'il ait chanté le chef géate vainqueur de Grendel et l'épopée anglo-saxonne porte trop de marques d'une civilisation avancée et née en Angleterre pour qu'elle puisse être une simple copie d'un ouvrage d'outre-mer.

Une autre théorie plus plausible fait du vieux poème épique un assemblage artificiel de divers fragments empruntés à des cantilènes populaires. Mais les conclusions de Mullenhoff, qui voulut y voir l'œuvre de chantres multiples, ne trouve plus guère créance auprès de la critique moderne. Elle se heurte à l'objection que l'on a affaire à une épopée pourvue d'une unité réelle et que les procédés de style et de versification sont identiques dans les diverses parties du récit. Au lieu du manteau d'Arlequin auquel aboutit la méthode des interpolations et des apports variés, l'érudition la plus récente nous met en présence d'un ensemble harmonieux formé tout au plus de trois ou de quatre divisions principales, indépendantes à l'origine les unes des autres : le combat de Beowulf et de Grendel, la lutte avec la mère du monstre, le retour au pays des Géates et la victoire sur le dragon. Encore faut-il remarquer que le duel avec Grendel se soude tout naturellement au duel entre Beowulf et le monstre femelle, et que le retour du vainqueur dans sa patrie se rattache avec beaucoup de vraisemblance au premier des deux morceaux qui l'encadrent. Il resterait en définitive une dichotomie réelle marquée au vers 2200, mais sans qu'il puisse en aucun cas être question d'une simple juxtaposition. La charpente épique de l'œuvre anglo-saxonne constitue une masse uniforme et solide où les épisodes sont strictement subordonnés à un même plan et où le caractère ferme et net des personnages essentiels trahit, tout autant que la facture homogène, le dessein bien conçu et proprement littéraire qu'il serait difficile de ne pas attribuer à un seul auteur.

Une pareille constatation devait conduire à l'hypothèse d'un diascévaste ou d'un reviseur responsable du poème sous la forme où il nous a été transmis. Cette hypothèse peut du reste s'accorder avec les précédentes en ce sens que chacune d'elles contiendrait une part de vérité. L'on conçoit en effet sans peine qu'un ménestrel entreprenant, qui serait allé en Danemark ou qui aurait recueilli d'une bouche danoise les légendes au sujet de Beowulf, ait songé à s'en inspirer pour charmer des auditoires angliens ou merciens ayant conservé des relations avec les pays d'outre-mer et disposés par une certaine communauté d'origine à se complaire aux cantilènes populaires germaniques du continent voisin. Intéressé, semble-t-il, d'une façon spéciale par l'élément merveilleux qu'il retrouvait dans les traditions ancestrales, il se serait engoué des combats du chef géate contre des adversaires surnaturels, et c'est ainsi qu'il aurait cherché à fondre en une même narration les aventures du héros aux prises avec deux monstres, mâle et femelle et plus tard avec un dragon. Toutefois, subissant malgré lui l'influence d'un milieu plus civilisé et déjà moins crédule, il aurait été amené à atténuer les invraisemblances des anciens mythes. Pour lui, Grendel et sa mère, bien que garantis contre l'atteinte des épées par des arts magiques, ne sont que des mortels d'une taille extraordinaire, mais vulnérables et destinés à succomber. Quant au dragon, malgré les flammes dont il s'entoure, il suffit d'un bouclier en fer pour l'affronter avec succès et, pour le tuer, d'un coup adroitement porté au ventre, où les écailles ne le protègent pas contre l'assaut meurtrier (*Beowulf*, v. 2699-2700). Ajoutons que les portraits, si minutieusement tracés, de Hrothgar, d'Hygelac et de son neveu impliquent une habileté considérable dans l'art de concevoir des caractères et supposent un poète expert comme dernier auteur de l'épopée.

    Aussi comprend-on que certains érudits aient voulu découvrir le nom du barde anglais qui nous a laissé ce beau récit épique. Après avoir attribué l'œuvre originale au skalde danois Starkad, Sarrazin se devait de lui trouver un traducteur digne de figurer à ses côtés. Il n'y manque pas et désigne Cynewulf. Selon lui, il nous faut admettre chez l'ultime reviseur la connaissance de l'ancienne langue poétique du Nord et c'est ce qu'il remarque chez Cynewulf, puisqu'il relève à la fois chez celui-ci et dans le *Beowulf* des vocables isolés et des mots composés d'origine nordique, la postposition de l'article et de la préposition et mainte particularité de syntaxe scandinave. Ce sont là en effet des coïncidences curieuses, mais sont-elles bien probantes ? À supposer même que Sarrazin n'ait pas exagéré la portée de ressemblances fortuites (et ne serait-ce pas ici le cas ?) n'a-t-il pas pris pour une caractéristique frappante du vieux scop une série de traits communs a toute l'épopée anglo-saxonne ? Et n'est-il pas naturel de croire qu'un poème de l'importance du *Beowulf* a dû influer fortement, au point de vue de la langue et du vers, sur les poèmes héroïques qui lui ont succédé ? D'autres considérations encore empêchent de s'arrêter à l'hypothèse du critique allemand. Cynewulf, tel qu'il s'est révélé dans ses écrits, est un barde d'inspiration foncièrement chrétienne. Ses poèmes authentiques sont empruntés à la tradition ecclésiastique et contiennent à maintes reprises l'affirmation de sa foi. Se pourrait-il qu'il eût choisi un sujet presque païen et que, par surcroît, l'ayant choisi, il n'y eût pas laissé la marque incontestable de ses croyances ? Que vénérant la croix du Sauveur au point d'en avoir chanté la découverte par Sainte Hélène, mère de l'empereur Constantin, il ne l'eût pas mentionnée une seule fois dans son récit épique et que le christianisme du *Beowulf* demeurât absolument incolore et à vrai dire méconnaissable ? La chose ne parait guère admissible. Et s'il en est ainsi, l'hypothèse d'une traduction, si peu probable en soi, devient tout à fait douteuse dès que le traducteur doit s'appeler Cynewulf.

Une autre conjecture moins audacieuse et moins tranchante, faite avec toutes les réserves que comporte l'obscurité de la question, est celle de M. Thomas Arnold[10] dans ses « Notes sur le *Beowulf* ». Il remarque que des sagas en dialecte danois ou géate avaient sans doute cours en pays scandinaves au 7e siècle de notre ère et que celles sur Hrothgar, sur Hygelac et son illustre neveu devaient être parmi les plus aimées et les plus répandues. C'est précisément à la fin de cette période que des missionnaires partis des côtes orientales de l'Angleterre ont débarqué chez les Frisons et en Danemark, pour convertir les païens du littoral. L'un des missionnaires anglo-saxons qui aurait entendu réciter telle ou telle de ces cantilènes n'a-t il pas pu s'en servir après son retour en Grande-Bretagne pour charmer les loisirs de ses compatriotes ? M. Arnold convient que ce ne fut certainement pas Cynewulf, dont le style, le ton et les tendances sont bien différents de ceux de la vieille épopée. Mais après avoir donné acte au critique anglais de sa réfutation de l'hypothèse de Sarrazin, ne faut-il pas ajouter que la sienne, quoique plus souple et plus vague, n'en reste pas moins inacceptable pour les raisons exposées plus haut ? Quel est le missionnaire envoyé chez des peuplades barbares par quelque église ou quelque monastère qui se serait contenté de leur emprunter, sans plus, des chants pénétrés de l'esprit du paganisme ? Il aurait été, semble-t-il, offusqué au premier chef par les anciens mythes qu'il se serait efforcé de faire oublier à ses convertis et péniblement affecté de l'absence complète des doctrines chrétiennes qu'il était tenu de leur transmettre. Dès lors, comment croire qu'il eût laissé dans le *Beowulf* tant d'allusions aux dieux de l'Olympe germanique et qu'il n'y eût pas introduit l'aveu formel de son christianisme ? En bonne logique, il paraît donc difficile d'adopter l'ingénieuse supposition que le savant commentateur a émise d'une façon hésitante et comme à titre d'essai.

Mais le problème demeurait trop tentant pour ne pas attirer l'attention de quelque autre génie inventif. L'honneur des lettres anglaises semblait exiger que l'on pût nommer l'auteur probable, et non pas seulement le simple traducteur, de la vieille épopée. Ce fut le professeur Earle, de l'Université d'Oxford[11], qui s'en chargea. Au cours de sa version du *Beowulf*, il avait noté le panégyrique des souverains de l'Anglie impliqué dans un passage relatif au roi Offa et à la reine Thrytho (*Beowulf*, v. 1931-1962). Tout naturellement, il le transféra à la dynastie régnant vers la fin du 8e siècle sur la côte orientale de l'Angleterre. L'ancienne légende germanique se rattache pour lui, par un lien manifeste, à Offa II, le chef belliqueux qui domina la Mercie de 755 à 796 et qui, peu avant sa mort, conquit le pays des Angles. Or, Offa II avait un fils, Ecgferth, destiné à recueillir sa succession, et M. Earle voit dans notre poème quelque chose comme l'institution d'un prince du sang, une leçon de haute morale à l'adresse de l'héritier d'un trône glorieux. Cette leçon, qui était alors en mesure de la formuler *ad usum Delphini* sous les espèces d'un chant héroïque où sont exaltées les diverses vertus requises pour bien gouverner un peuple de guerriers ? Question ardue sans doute. Mais servie par une imagination fertile, l'érudition ne saurait être prise en défaut. Ce ne pouvait être qu'un illustre prélat, Hygebehrt, appelé par Offa II à l'archevêché de Lichfield et conseiller intime du monarque. C'est donc lui que le savant critique, non sans quelques réserves prudentes, désigne comme le poète inspiré de la geste anglo-saxonne. Malheureusement il est plus facile de comprendre les hésitations de l'érudit que de se rendre aux arguments souvent spécieux dont il étaye sa conjecture. L'on se demandera toujours comment il n'est rien resté de l'archevêque de Lichfield qu'un ouvrage obstinément anonyme et comment ce haut dignitaire ecclésiastique y aurait laissé des traces si incertaines de la foi nouvelle qu'il avait charge d'enseigner à ses compatriotes.

Données positives fournies par la critique interne du "Beowulf".

Il est peut-être temps de revenir de cette excursion dans le domaine de l'hypothèse à des faits précis, tels que les donne le texte lui-même. Ces faits sont de deux sortes. Ils fournissent une date inférieure avant laquelle le poème actuel n'a pas pu être composé et une date supérieure après laquelle on ne saurait en placer la conception. L'on trouve chez Grégoire de Tours, au chapitre III du livre III de son *Histoire des Francs*, la mention d'une incursion par mer du souverain danois[12] Chocilaicus sur le territoire des Attuarii fixés près de l'embouchure du Rhin. Le chef franc Theuderic envoie son fils Theudebert contre les envahisseurs qui sont repoussés, et dont le roi périt sur le champ de bataille. Cet événement se passe entre l'an 515 et l'an 520 après J.-C. Or il est certain, au point de vue de la linguistique, que les Attuarii correspondent aux Hetware et Chocilaicus à l'Hygelac de l'épopée, et qu'il s'agit de l'incident sur lequel le *Beowulf* insiste à trois reprises différentes (v. 1202-1211, 2354-2366 et 2913-2920). Si l'on considère que le héros géate, au dire du scop, survit à cette expédition désastreuse, qu'il succède éventuellement à son oncle et qu'il règne ensuite pendant cinquante ans, il est évident que l'année 570, et plus exactement sans doute le début du 7ᵉ siècle, marque l'époque au-delà de laquelle il est impossible de reculer l'idée première de notre récit épique en tant qu'œuvre littéraire. Et si l'on veut que la légende se forme autour des personnages historiques dont il est question, il faudra sans doute laisser s'écouler au moins un demi-siècle encore. D'autre part, le vers 2921 contient le nom des Merewioingas, c'est-à-dire, comme l'a montré l'érudit danois Grundtvig, celui des Mérovingiens, dont le dernier représentant fut détrôné en 752, et cette mention doit être antérieure à la chute de leur dynastie. Ajoutons que la *Chronique Anglo-Saxonne* signale dès 787 l'apparition des pirates danois sur les côtes de l'Angleterre, et qu'un chant héroïque destiné à un auditoire anglais et renfermant l'éloge voulu et développé à plaisir de la maison princière du Danemark serait inconcevable à partir de ce moment. La date approximative de composition des cantilènes du *Beowulf* doit donc être ramenée à la période entre 650 et 750 et vraisemblablement à la première moitié du 8e siècle de notre ère. La langue du poème confirme les données précédentes, s'il est permis de supposer que certains caractères de l'œuvre anglienne primitive se sont conservés dans la transcription en dialecte saxon occidental. Et l'on est en droit de l'admettre quand on constate à quel point la grammaire du *Beowulf* et son vocabulaire sont demeurés archaïques. Ici, en effet, comme dans le *Widsith*, qui remonte plus haut encore par la date, certaines particularités grammaticales frappent aussitôt le lecteur. Dans tous les deux, l'article se confond avec le pronom démonstratif dont il dérive et ne paraît guère avoir une existence distincte. Le duel des pronoms personnels reste d'un usage assez fréquent, alors que par la suite il est uniformément écarté en faveur du pluriel, et la déclinaison faible de l'adjectif n'exige pas que celui-ci soit accompagné de l'article défini, comme ce sera le cas dans les pièces de vers ultérieures. En ce qui concerne le verbe, les temps se ramènent surtout à deux formes : le présent et le passé simple. L'auxiliaire avoir commence seulement à donner naissance à des temps composés, le passif construit avec *wedrthan* ou *beon* est rare et les auxiliaires du futur ajoutent encore un sens spécial à la phrase. Le vocabulaire également revêt un aspect d'antan, abstraction faite d'ailleurs des emprunts étrangers possibles. L'on observe, par exemple, que bon nombre de termes n'ont pas l'acception figurée qui s'y attachera plus tard. C'est ainsi que *dreorig*, prototype du *dreary* moderne, signifie toujours « ensanglanté » (*Beowulf*, v. 1417, 2789 et cf. v. 935, 1780 et 2720), alors qu'avec le temps et dans les œuvres postérieures il prend la nuance métaphorique de « fâcheux » et « attristé » (p. ex. : *The Wanderer*, v. 17, *dreorigne* [*hygan*], et *dreorige on* mode *dans un sermon d'Aelfric). Et il est curieux de noter que le mot* sawol *(aujourd'hui* soul*), où l'idée d'« Âme » perce déjà (voyez* Beowulf, v. 184, 1742, 2820), *conserve le plus souvent le sens primordial de « vie » (p. ex. :* id., v. 801, 852, 2422, *et cf. v. 1406, 3033 et surtout v. 2693). La grammaire et la langue témoignent ainsi de l'antiquité relative de la vieille épopée.*

La même conclusion ressort d'une étude attentive de la versification du poème. L'unité métrique s'y ramène à un vers long que la césure partage en deux hemistiches reliés entre eux au moyen de l'allitération. Dans chaque hémistiche l'on trouve deux syllabes fortement accentuées dont une au moins allitère avec une syllabe semblable dans l'autre et c'est la première tonique forte du second hémistiche qui détermine l'allitération dans chaque cas particulier. Peuvent allitérer ensemble toutes les voyelles indifféremment et les consonnes identiques, en tenant compte du fait que *sc, sp* et *st* constituent des groupes à part dont les deux lettres doivent toujours se répéter. Quant à la disposition dans le mètre des accents forts en question, on peut la résumer comme suit, d'après les lois de Sievers légèrement modifiées par Kaluza. Il y a cinq types principaux d'hémistiches métriques :

1) A D A D[13] : *éthel sínne* (Beowulf, v. 1960) ;

2) D A D A : *this éllen-wéorc* (*id.*, v. 2643), qui comporte souvent une ou deux atones initiales non comptées dans la mesure, p. ex. : *on swa hwáethere hónd* (*id.*, v. 686) ;

3) D A C D : *on stéfn stígon* (*id.*, v. 212) ;

4) A A C D : *gód gúthcyning* (*id.*, v. 2563) ;

5) A B D A : *wéallinde wáeg* (*id.*, v. 2464).

C'est dire que pour l'oreille moderne le rythme descendant du trochée ou du dactyle accentuel prévaut dans le vers anglo-saxon. Mais au point de vue de la date de l'épopée, il importe surtout de remarquer la régularité du mètre qui a fait du *Beowulf* pour les théoriciens, le modèle et la norme du système allitératif. Car cette régularité même est archaïque, puisqu'une mesure populaire ne s'écarte de sa loi fondamentale qu'après un certain laps de temps. En outre, Sievers a établi que des considérations de métrique exigent en maint endroit le rétablissement dans le texte actuel de formes grammaticales non contractées, telles que *doan* pour *don*, *doith* pour *deth*, *sendeth* pour *sendth*, ce qui nous ramène encore aux origines de la langue. Ainsi l'existence d'une versification autochthone (attendu que ce mètre épique diffère sous plusieurs rapports du vers nordique dont on a voulu le rapprocher) et la correction de son emploi confirment les nombreux témoignages qui nous obligent à reculer fort loin dans le passé l'apparition de la première chanson de geste anglaise.

Une autre caractéristique du *Beowulf* a frappé les érudits qui se sont occupés de la critique du texte. C'est le fait de l'unité fondamentale que l'on note à travers toute l'étendue du poème. Sarrazin observe que dans les deux principales divisions (du vers 1 à 2200 et du vers 2200 à la fin) les termes essentiels du vocabulaire et les usages grammaticaux demeurent les mêmes et suivent les mêmes lois. Il y a homogénéité parfaite, que l'on étudie les discours prêtés aux personnages de marque, le corps de la narration ou les épisodes qui l'agrémentent. M. Clark Hall[14] a montré également que beaucoup de mots étrangers au reste de la littérature poétique du vieil anglais, mais fréquents dans le *Beowulf*, se retrouvent dans l'une comme dans l'autre moitié. Il relève par exemple des substantifs tels que *hringnet*, la cotte de mailles (v. 1889 et 2754), *waelraes*, l'assaut mortel (v. 824, 2101, 2531, 2947), *fethecempa*, le fantassin (v. 1544 et 2853), des adjectifs comme *eotonisc*, gigantesque (v. 1558, 2616, 2979), *hindema*, dernier (v. 2049 et 2517), *fuslic*, prêt (v. 232, 1424, 2618), *unfaege*, non voué à mort (v. 573 et 2291) ou des composés faisant image tels que *handgemot*, la mêlée (v. 1526 et 2355), *leodhryre*, la chute d'un prince (v. 2030 et 2391) et *guthwine*, l'épée ou l'ami de combat (v. 1810 et 2735). Les particularités de grammaire signalées dans un paragraphe précédent, le style disjonctif et saccadé, la tendance à se servir de la litote ou atténuation voulue de la pensée, en disant p. ex. : « Ce ne fut pas un bon échange » (v. 1304) pour « Ce fut un troc funeste » et « Ce ne fut pas un voyage aisé » (v. 2586) pour « Ce voyage fut difficile », ou à écrire sous forme de périphrases courantes « *geceas ecne raed* (v. 1201), il choisit un gain éternel », et « *Godes leoht geceas* (v. 2469), il choisit la lumière divine » pour « il mourut » sont communs à l'une et l'autre partie. Et l'allure du mètre épique qui se maintient identique jusqu'en ses moindres variations d'un bout à l'autre de la geste renforce aussi l'impression d'uniformité réelle qui se dégage d'un examen attentif de l'épopée anglo-saxonne.

Mais s'il faut se rendre à l'évidence et reconnaître l'unité profonde manifeste pour qui aborde le *Beowulf* sans prévention, il est permis de noter un progrès incontestable quand on passe de la première à la seconde partie. Sarrazin avait jadis appelé l'attention sur la différence de ton qui sépare le récit de la lutte contre Grendel de celui du combat livré au dragon, et l'expliquait par la différence qu'il y a entre un chant de victoire et le récit des derniers moments du héros blessé à mort, ou bien entre un écrivain jeune et ardent et ce même écrivain aux approches de la vieillesse. Toutefois, aucun critique ne semble avoir remarqué à quel point ce changement correspond à des modifications réelles et à un sensible perfectionnement du vocabulaire et du style vers la fin du vieux poème épique. Il ne s'agit pas seulement de l'emploi de termes nouveaux ou de ἅπαξ λεγόμευα, dont il existe aussi des exemples dans la première moitié de l'œuvre et que justifierait la diversité des incidents introduits après le vers 2200, mais plutôt de mots appliqués à des objets ou à des concepts déjà exprimés à maintes reprises. Tels sont entre autres des verbes comme *bywan*, orner (*Beowulf*, v. 2257) ; *behofian*, avoir besoin (*id.*, v. 2647) ; *gestrienan*, acquérir (*id.*, v. 2798) ; *abredwian*, tuer (*id.*, v. 2619) ; *friclan*, chercher (*id.*, v. 2556) et *swelan*, brûler (*id.*, v. 2713), auxquels jusque-là le poète n'avait pas eu recours, des adjectifs d'un usage familier comme *dyrstig*, audacieux (*id.*, v. 2838) ; *thristhydig*, hardi (*id.*, v. 2810) ; *earg*, couard (*id.*, v. 2541) ; *thyslicu*, tel (*id.*, v. 2637) ; *getenge*, posé (*id.*, v. 2758) ; *unfrod*, jeune (*id.*, v. 2821) ; *welig*, riche (*id.*, v. 2607) ; et certains composés originaux comme *aerfaeder*, ancêtre (*id.*, v. 2622) ; *londwara*, les gens du pays (*id.*, v. 2321) ; *ealond*, le littoral (*id.*, v. 2334) ; *maegburg*, un clan (*id.*, v. 2887) ; *hrethsigora*, la victoire (*id.*, v. 2583) ; *stearc-heort*, téméraire (*id.*, v. 2288, 2552) ; *windbland*, un tourbillon de vent (*id.*, v. 3146) et *wollentear*, baigné de larmes (*id.*, v. 3032). Il surgit des vocables que l'on dirait d'invention récente, tels que *byme*, la trompette (*id.*, v. 2943) ; *daroth*, le javelot (*id.*, v. 2848), auquel Sarrazin attribue une affinité scandinave ; *brenting*, le vaisseau de haut bord (*id.*, v. 2807), dérivant de *brant*, haut ; *bune*, la coupe (*id.*, v. 2775, 3047) ; *benn*, la blessure (*id.*, v. 2724, et cf., v. 2740 et 2904) ; *gaedeling*, le parent (*id.*, v. 2617, 2949) ; *stefn*, la voix (*id.*, v. 2552) ; *sioletha*, les eaux (*id.*, v. 2367) et *strengel*, le chef (*id.*, v. 3115). L'on peut apercevoir le développement de la langue au seul fait que les termes abstraits deviennent plus nombreux, p. ex. : *cenlhu*, la hardiesse (*id.*, v. 2696) ; *giohtho*, le chagrin (*id.*, v. 2267, 2793, 3095) ; *milts*, la bonté (*id.*, v. 2921) ; *onmedla*, l'orgueil (*id.*, v. 2926), que certains termes concrets prennent une acception figurée, comme *gealdor*, son et enchantement (*id.*, v. 2944, 3052) ; *gewitt*, intérieur et conscience (*id.*, v. 2703, 2882) ; *hothma*, obscurité et tombe (*id.*, v. 2458), et que la dérivation multiplie ses produits au moyen des terminaisons *ig* et *lic* pour l'adjectif, p. ex. : *gewiltig*, conscient (*id.*, v. 3094) ; *grimlic*, farouche (*id.*, v. 3041, à côté de *grim*, v. 555, 1499, terrible) ; *geomorlic*, triste (*id.*, v. 2444, auprès de *geomor*, affligé, v. 49, 1075), *dom* et *end* (sur le modèle de *Demend*, le Juge) pour les substantifs, p. ex. : *cynedom*, royaume (*id.*, v. 2376) ; *feormend*, polisseur (*id.*, v. 2256) et *wergend*, défenseur (*id.*, v. 2882), et *ian* pour les verbes, comme dans *blodgian*, tacher de sang (*id.*, v. 2692) ; *fandian*, découvrir (*id.*, v. 2301 et 2454 à côté de *findan*, trouver, *id.*, v. 1156, 2294) ; *openian*, ouvrir (*id.*, v. 3056) et *syngian*, pécher (*id.*, v. 2441) et fait naître des doublets tels que *gen* et *gena*, encore (*id.*, v. 2859 et 2800), ou *setl* et *sess*, siège (*id.*, v. 2019 et 2717). Enfin, il est curieux de constater, en vue des influences possibles venues du dehors, que les mots *aeled*, feu (*id.*, v. 3015) ; *elland*, terre étrangère (*id.*, v. 3019) et *greot*, sable (*id.*, v. 3167) trouvent leurs analogues en vieux saxon qui, on le sait, a si fortement marqué de son empreinte la Genèse de l'école caedmonienne. La grammaire de la seconde partie admet des constructions plus variées et, outre le présent et le passé simple, maint exemple de temps composés formés avec les auxiliaires être, avoir et devenir (*weorthan*), p. ex. : *id.*, v. 2283, 2450 ; v. 2266, 2301, 2321, 2381, 2397 ; v. 2692, 2843, 2962, 2983. Quant au style, il coule mieux dans cette moitié du *Beowulf* et ne semble plus aussi saccadé. La pensée suit son cours avec moins de heurts et le nombre beaucoup plus restreint des « lors » (*tha*) indique que le poète sait désormais exposer son sujet d'une façon plus régulière et plus logique. Il y a donc sous tous ces rapports une évolution heureuse et très apparente, dans la vieille épopée, de ses débuts à son dénouement.

Conclusion.

De ces diverses constatations un premier fait ressort clairement, c'est que, pour le fond même du récit, le *Beowulf* est de provenance nordique. Il tire son origine de ces pays scandinaves qui, à l'aube du moyen-âge, reçurent le dépôt du patrimoine traditionnel de la race, qui transmirent aux tribus germaniques d'alentour leurs légendes nationales et qui commencèrent à les répartir en cycles épiques variés. On le reconnaît, dans le cas du vieux poème anglais, à la forme que revêt l'histoire de Sigemund et du dragon, à l'importance que prennent les souverains danois et les chefs géates, à maint détail relatif aux anciennes croyances de la péninsule suédoise et aux luttes entre les peuples qui l'habitent. Chose singulière ! pas une allusion à l'Angleterre ne rappelle aux auditeurs du scop l'île hospitalière où ils se trouvent fixés à demeure. C'est à force de recherches érudites que l'on a découvert dans l'épisode du roi Offa et de sa redoutable épouse un lien fragile entre le Danemark, où se passe une importante partie de l'action, et les royaumes maritimes fondés sur la côte Est de la Grande-Bretagne par les corsaires venus des rivages du continent voisin. Preuve en soi que la trame intime de l'épopée est empruntée au dehors. Et par les noms qu'elle chante, par l'empreinte caractéristique qu'elle impose aux mythes du passé, par les sites où elle laisse surgir les principaux incidents de la narration, cette épopée proclame hautement qu'elle prend sa matière à l'étranger, dans l'ensemble des cantilènes héroïques qui serviront plus tard de base aux différents recueils des *Eddas* islandaises.

Il est non moins évident par contre que la forme dernière du *Beowulf* lui est venue, en Anglie ou en Mercie, de la main d'un poète né dans la grande île. Sans parler des traces incontestables de christianisme qu'un Suédois ou un Danois n'aurait pas pu y introduire à pareille époque, la civilisation que l'on y trouve décrite appartient à un type trop avancé pour être, à cette date reculée, la civilisation du Nord germanique. La construction des routes, l'emploi de l'acier, la connaissance de nouveaux instruments de musique, l'usage de tapisseries pour le décor d'une salle de festin, l'apparition du vin à côté de la bière et de l'hydromel témoignent d'un raffinement auquel n'atteignent pas encore les roitelets barbares antérieurs à l'ère des Vikings. La douceur croissante des mœurs publiques, sous l'influence pacificatrice de la femme, le cérémonial déjà compliqué de la cour de Hrothgar ou d'Hygelac, l'énumération, parmi les vertus attribuées aux héros, de l'affabilité, de la mansuétude et de la générosité, s'opposent à ce que l'on sait des anciens Scandinaves, tandis que ces mêmes traits conviennent parfaitement au Mercien Ethelbald, le Bretwalda ou chef suzerain qui régna de 716 à 755 et réunit le Kent, l'Anglie orientale, l'Essex et le Wessex sous son hégémonie, ainsi qu'à ses successeurs. Et la chanson de geste médiévale porte ainsi la marque certaine de la culture anglo-saxonne.

Ce qui, au point de vue du fond, frappe aussi tout lecteur attentif du *Beowulf,* c'est l'unité réelle qui le distingue. Il est un par son sujet, puisqu'il décrit trois victoires d'un chef géate sur des monstres dévastateurs et apparemment invincibles. Il est un par le caractère du héros principal auquel il doit son nom et qui se maintient sans défaillance semblable à lui-même, conformément au précepte d'Horace : « Servetur ad imum Qualis ab incepto processerit. » Il est un par le style sérieux et plein de dignité qui dédaigne les personnages roturiers et qui ne s'abaisse jamais à la trivialité ou à la plaisanterie. Il est un enfin par la langue et le vers. Celui-ci, d'un bout à l'autre, reste homogène et régulier ; celle-là, jusque dans ses divergences avec la langue des scops ultérieurs, demeure fidèle à son vocabulaire propre et à ses tournures préférées et souvent archaïques. Toutefois cette unité profonde qui se révèle dans la composition de l'œuvre n'exclut pas la diversité de la matière épique prise, comme on l'a vu, tantôt au folk-lore primitif, tantôt à la mythologie des Germains, tantôt à leurs légendes héroïques, tantôt aux usages d'une civilisation nettement anglaise et récente. Et quand elle s'impose ainsi à des apports de provenance variée pour les fondre en un ensemble solidement construit et d'une haute inspiration, elle fournit un argument de grand poids à la théorie d'un diascévaste unique et définitif.

Peut on aller plus loin et fixer le caractère propre de ce dernier reviseur ? Il semble bien que ce soit possible. D'après maints détails de son récit, d'après sa prédilection visible pour des tableaux de fêtes agrémentées de musique et de chant et d'après les descriptions, où il se complaît, de riches trésors et d'objets précieux offerts en cadeau, l'on est en droit de conclure qu'il s'agit d'un ménestrel de profession analogue au Deor d'une des plus anciennes poésies anglaises[15]. Et cette origine expliquerait à son tour ce qu'il y a d'artificiel dans l'œuvre épique. Car le *Beowulf* sous plus d'un rapport, parait s'adresser à des lecteurs instruits et témoigne d'une rédaction assez soignée. Sa composition trahit une certaine recherche de l'effet et l'on note dans sa langue des phrases de pure convention. C'est ainsi que les Danois sont appelés « Scyldings Victorieux » (*Beowulf*, v. 597, 2004), lorsqu'ils sont incapables de se défendre contre Grendel et sa mère, et que, suivant la remarque du professeur Ker[16], le dragon et son vainqueur, en vertu d'un lieu commun, quittent tous deux cette « vie éphémère » (*id*, v. 2845). Parmi les procédés littéraires dont use le poète pour grandir ses personnages, il faut signaler le contraste formel ou implicite entre eux et les types opposés, par exemple entre le noble Beowulf et le farouche Heremod (*id.*, v. 1709-1722), la douce Hygd et l'altière Thrytho (*id.*, v. 1926-1957), le vaillant Wiglaf et les douze poltrons qui s'enfuient à l'heure du danger (*id.*, v. 2596-2629). D'une manière générale, l'auteur met volontiers des monstres toujours muets en face d'hommes souvent très loquaces, de jeunes preux à côté de vieillards, tels Wiglaf et son suzerain octogénaire, Ingeld et le guerrier vétéran, le neveu d'Hygelac et le roi Hrothgar qu'il vient secourir. C'est d'ailleurs avec un art véritable qu'il insiste sur les traits saillants du héros qu'il dépeint et sait en quelques mots brefs et lapidaires tirer la leçon morale d'une situation tragique. Dès lors, quoi d'étonnant si d'aucuns lui prêtent une éducation monastique et la connaissance des chefs-d'œuvre de la littérature romaine ? Le professeur Earle le soupçonne même d'avoir imité, aux vers 1385-1389, l'*Enéide*, liv. X., v. 467-69, et le *De Consolatione*, IV, 6, etc., de Boèce aux vers 1056-62, quand il soumet le destin à la sagesse divine et recommande aux humains une clairvoyance avisée. Mais c'est faire trop d'honneur au vieux scop que de transformer une rencontre d'idées sans doute fortuite en preuve d'érudition, et le critique d'Oxford détruit lui-même la portée de son observation, lorsqu'un peu plus tard, à propos du vers 2492, il constate avec surprise combien les épées étincellent peu souvent dans notre poème, alors qu'elles flamboient sans cesse chez

Virgile. Ce qui rappellerait plutôt ici les classiques de l'antiquité, ce serait l'emploi de quelques expressions savantes avec leur sens originel, par exemple au vers 1600, *non* pour la neuvième heure du jour, *mil-gemearc* (*id.*, v. 1362) pour une mesure d'un mille, et *frum-gar* (*id.*, v. 2856) pour le chef (ou premier javelot), qui traduirait le *primipilus* des anciens, ou bien encore les tournures, *Wa bith thaem* et *Wel bith thaem* (*id.*, v. 183 et 186), « Malheur à qui », « Bonheur à qui », s'opposant l'une à l'autre comme *Male est illi* à *Bene est illi*, ou *ealgian under segne* (*id.*, v. 1204, et cf. *sub signis ire* dans César), « défendre sous les drapeaux ». De pareilles coïncidences sont curieuses ; elles sont cependant trop rares et trop peu probantes pour permettre de parler d'une influence latine sur le dernier rédacteur du *Beowulf*.

On comprend toutefois que cette tentative heureuse dans le domaine épique ait eu une importance considérable pour le futur développement de l'épopée anglo-saxonne. Grâce aux particularités du vocabulaire et à la ressemblance des situations, l'on peut suivre la trace du *Beowulf* dans l'ensemble des poèmes plus récents. Ce qui leur est commun ainsi qu'à lui, c'est le long vers allitératif soumis aux mêmes règles depuis les débuts lointains jusqu'à la conquête normande, et c'est l'emploi de composés ou de formules honorifiques empruntés à son riche répertoire. Mais outre ces traits généraux, apparents partout ou règne l'inspiration héroïque, il y a lieu de noter une action plus directe et plus forte. Si parmi les chants de l'école caedmonienne, la *Genèse* ne la montre guère, l'*Exode*, par contre, est pénétré d'un esprit belliqueux et rappelle à maintes reprises l'ancienne chanson de geste. Entre les compositions dues ou attribuées à Cynewulf, l'*Andréas* a certainement subi l'influence de son grand prédécesseur en ce qui touche à l'amour de la mer, à l'ardeur martiale et au goût des aventures, et le *Guthlac*, comme l'*Elene*, s'en ressent aussi. L'on peut en dire autant plus tard du magnifique fragment de *Judith*, qui fait suite au *Beowulf* dans le manuscrit Vitellius Axv du Musée Britannique. Et quand s'achève le 10e siècle de l'ère chrétienne, le beau récit de la *Bataille de Maldon*[17] qui clôt le cycle parcouru par le genre littéraire dont on a vu l'évolution sommaire, reproduit avec une fidélité étrange certains aspects de la vieille épopée. L'une et l'autre en effet racontent le trépas glorieux d'un chef aimé entre tous, sur le lieu du suprême combat, succombant, là, sans espoir de triompher du destin, écrasé sous le nombre, ici, vainqueur de l'ennemi, mais mortellement blessé. L'une et l'autre décrivent des traîtres qui lâchement abandonnent la lutte, alors que les vassaux restés fidèles au maître se pressent autour de lui et se sacrifient à ses côtés. Et l'un de ceux-ci, Leofsunu, qui reprend à deux cents ans d'intervalle, pour son propre compte, le mot du chef géate refusant de fuir l'espace d'un pied devant le dragon, *Nelle ic... oferfleon fotes trem* (*Beowulf*, v. 2525), promet avec une superbe vaillance : « *ic heonon nelle Fleon fotes trym* (*Bataille de Maldon*, v. 246-47), je ne veux pas d'ici reculer d'un seul pas ». Ainsi le dernier spécimen d'un chant épique conservé en langue anglo-saxonne et son premier chef-d'œuvre se consacrent chacun à la glorification d'un héros sans peur et sans reproche qui meurt noblement pour défendre sa patrie. Tous deux exaltent la notion du devoir accompli sans hésiter au prix de la vie elle-même, notion qui se retrouve comme le ressort caché des caractères généreux dans les plus sublimes productions de la muse anglaise.

W. THOMAS.

1. ↑ Ou plutôt Geraldus de Toul, comme l'ont montré MM. J. Flach et M. Wilmotte dans leurs études récentes de la *Revue des Études Historiques* et de la *Revue Historique*.
2. ↑ Gr. Sarrazin, *Beowulfstudien*, Berlin, 1888.
3. ↑ Voir F. Panzer, *Studien zur germanischen Sagengeschichte*, I. Beowulf, Munich, 1910.
4. ↑ À moins que l'argent ne soit inclus dans le terme générique de *sinc* (*id.*, v. 81, 622, 1226) avec d'autres objets de prix.
5. ↑ Toutefois, le poème ne présente aucun exemple d'obsèques danoises, sauf celles du Scyld légendaire.
6. ↑ Il est vrai que cette idée se retrouve surtout dans les Évangiles.
7. ↑ Kiel, 1883.
8. ↑ G. Sarrazin, *Beowulfstudien*, 1888, p. 91.
9. ↑ *Id.*, p. 107.
10. ↑ Th. Arnold, *Notes on Beowulf*, London, 1898.
11. ↑ J. Earle, *The Deeds of Beowulf*, Oxford, 1892.
12. ↑ On comprenait alors volontiers sous le nom de Danois tous les pirates scandinaves.
13. ↑ Une tonique forte et longue est marquée A, une tonique plus faible B, une syllabe douteuse C et une atone brève D.
14. ↑ *Beowulf and the Finnsburg Fragment* by J. R. Clark Hall, London, 1911.
15. ↑ Voir cette pièce de vers traduite après le *Beowulf*.
16. ↑ W. P. Ker, *The Dark Ages*, London, 1904.
17. ↑ Appelée aussi *La Mort de Byrhtnoth*.

BEOWULF

[Note. — Cette version du *Beowulf* a été faite sur le texte établi par M. A. J. Wyatt pour la Cambridge University Press (1908), en tenant compte des variantes et des corrections les plus importantes. Sans s'astreindre à un littéralisme absolu, le traducteur s'est efforcé de conserver à l'œuvre sa physionomie naïve et caractéristique. Il a donc rendu, dans la mesure du possible, le sens exact des composés anglo-saxons et s'est servi d'un même équivalent français pour chaque mot distinct de l'original, mettant ainsi en évidence les répétitions fréquentes du narrateur primitif et l'étonnante richesse de certaines parties de son vocabulaire.]

Voici ! dans les jours d'antan nous
avons ouï la renommée des rois populaires des Danois à Javelots,
comment alors les nobles exécutèrent des actions d'éclat.
Souvent Scyld de la Gerbe à des bandes d'ennemis,
à maintes tribus, enleva des bancs à hydromel.
Le comte[1] causa de la terreur, depuis que tout d'abord il fut
découvert misérable ; il éprouva consolation pour cela,

il grandit sous les nuages, il prospéra en honneurs,
jusqu'à ce que chacun de ceux habitant à l'entour
par-delà le chemin des baleines dût l'écouter [lui obéir],
payer tribut ; ce fut un excellent roi.
À celui-ci fut un descendant, né ensuite,
jeune, dans [ses] enclos, que Dieu envoya
au peuple pour consolation ; il comprit[2] le dénûment violent[3]
qu'ils endurèrent autrefois sans seigneur
longtemps. À lui donc le Maître de vie,
le Gouverneur de gloire, donna faveur au monde.
Beowulf fut célèbre ([son] renom se répandit au loin),
le descendant de Scyld, dans les pays de Scanie.
Ainsi doit un jeune homme agir excellemment,
avec de riches dons d'argent, envers les amis de [son] père,
pour que plus tard en retour ils restent auprès de lui,
compagnons de bonne volonté, quand la guerre vient,
et que les gens [le] servent ; c'est par des actes dignes d'éloges que doit
prospérer un homme dans chacune des tribus.
Lors Scyid s'en alla au temps fatal
pour se mettre en route[4], très vigoureux[5], à la garde du Maître ;
lors ils l'emportèrent vers le bord du courant marin,
les doux compagnons, comme il le demanda lui-même,

tandis qu'ami des Scyldings il gouvernait par [ses] paroles :
le cher chef du pays eut longtemps le pouvoir.
Là au havre se tenait avec la proue couverte d'anneaux,
glacé et prêt au départ, l'esquif du noble ;
lors ils déposèrent le cher souverain,
le dispensateur de bagues, sur le sein du vaisseau,
le glorieux auprès du mât. Là il y avait maints objets précieux,
des joyaux apportés de routes éloignées.
Je n'ai pas entendu [parler] d'embarcation plus séamment décorée
d'armes de bataille et de costumes guerriers,
de glaives et de cottes de mailles ; sur son sein gisaient
plusieurs objets précieux, qui avec lui devaient
s'en aller au loin à la merci du îlot.
Ils ne le pourvurent nullement de moins de dons,
de biens publics, que ceux-là le firent
qui au commencement l'envoyèrent au loin,
étant enfant, seul sur les vagues.
Lors ils lui placèrent encore une bannière dorée
haut au-dessus de la tête, ils laissèrent l'eau [le] porter,
le donnèrent à l'homme au trident[6] ; leur âme était triste,
leur humeur soucieuse. Les hommes ne savaient

en vérité dire, les conseillers de la grand'salle,
les héros sous les cieux, qui reçut ce fardeau.

I.

Lors dans les bourgs Beowulf [de la race] des Scyldings
fut, cher roi de la nation, pour un long temps
renommé parmi les preux ([son] père était parti ailleurs[7],
le prince, loin de [sa] résidence), jusqu'à ce qu'ensuite s'éveilla[8] pour lui
le grand Healfdene ; il dirigea, tant qu'il vécut,
vieux et formidable en la mêlée, les gracieux Scyldings.
A celui-ci quatre enfants comptés successivement
s'éveillèrent[9] au monde, conducteurs de troupes,
Heorogar, et Hrothgar et Halga le brave ;
j'ai entendu qu'Elan fut la femme [d'Ongentheow],
la compagne chérie du Scylfing guerrier.
Lors à Hrothgar fut donné le succès militaire,
l'honneur à la guerre, en sorte que ses parents amis
l'écoutaient[10] volontiers, jusqu'à ce que la jeunesse vaillante s'accrût,
une grande compagnie apparentée. Il lui vint à l'esprit
qu'il voudrait ordonner à ses hommes

de construire un palais, une grand'salle d'hydromel, [plus grande]
que jamais les enfants du siècle n'en ouïrent [parler],
et distribuer là-dedans aux jeunes
et aux vieux tout ce que Dieu lui avait remis,
sauf la propriété du peuple et les existences d'hommes.
Lors j'ai ouï dire de tous côtés que l'ouvrage fut commandé
à mainte tribu dans cet enclos du milieu [la terre]
pour orner la chambre du peuple. Il arriva, après un laps de temps,
rapidement parmi les mortels, que tout cela fut prêt pour lui,
la plus ample des salles de palais ; il créa pour elle le nom de Héorot[11],
lui qui avait un pouvoir [s'étendant] au loin par sa parole.
Il promit et ne mentit pas, il distribua des bagues,
un trésor au banquet. La salle s'éleva
haute et à pignons en corne écartés ; elle attendit les tourbillons hostiles
de la flamme ennemie. Ce ne fut pas longtemps ensuite
que la haine aux épées tranchantes entre beau-père et gendre
dut s'éveiller après une attaque meurtrière.
Lors le puissant esprit[12] endura avec peine

pendant un temps, lui qui demeurait dans les ténèbres,
que chaque jour il entendit la joie
bruyante dans la grand'salle ; il y avait le son de la harpe,
le clair chant du ménestrel. Il disait, lui qui savait
narrer de loin l'origine des humains,
il déclarait que le Tout-Puissant façonna la terre,
la plaine au bel éclat, que l'eau enveloppe ;
avec une joie victorieuse Il mit les rayons du soleil
et de la lune comme lumière pour les habitants du pays,
et orna les espaces de la campagne
de branches et de feuilles ; Il créa aussi la vie
pour chacune des races qui se meuvent animées.
Ainsi les vaillants vécurent là en joie
avec bonheur, jusqu'à ce qu'un certain
antagoniste d'enfer commença à faire des actes criminels.
Le farouche étranger était nommé Grendel,
fameux hanteur de la marche, qui tenait les marais,
le bourbier et la forteresse naturelle ; [cette] résidence
de la race monstrueuse,
une créature infortunée l'habita quelque temps,
depuis que le Créateur les avait bannis.
Sur la race de Caïn l'éternel Seigneur vengea
l'assassinat, parce qu'il frappa et tua Abel.
Il ne se réjouit pas de cette querelle, mais Elle le chassa,

la Divinité, pour ce crime, loin de la race des hommes.
De là s'éveillèrent[13] toutes les mauvaises progénitures,
les monstres terrestres et les elfes et les monstres marins,
ainsi que les géants, qui luttèrent contre Dieu
pendant un long temps ; Il leur en alloua récompense.

II.

Lors il alla visiter, après que la nuit fut venue,
la haute maison, [pour voir] comment les Danois aux Anneaux[14]
après une absorption de bière l'avaient occupée.
Lors il trouva là-dedans une compagnie de nobles
assoupie après le banquet ; ils ne connaissaient pas le chagrin,
misère[15] des hommes. L'être destructeur,
farouche et avide, fut bientôt prêt,
féroce et furieux, et sur le lieu de repos il prit
trente vassaux ; de là il s'en alla de nouveau,
content du pillage, pour rentrer au logis,
visiter son habitation avec cette orgie de carnage.
Lors à l'aube avec le point du jour
la force au combat de Grendel fut révélée aux

hommes ;
lors après ce repas une lamentation fut élevée,
une grande clameur nationale. Le fameux souverain,
le très excellent noble, était assis sans joie,
il endurait grande anxiété, il souffrait du chagrin des vassaux,
après qu'ils eurent observé la trace de l'odieux adversaire,
du maudit esprit ; cette anxiété était trop forte,
odieuse et prolongée. Il n'y eut pas un laps de temps plus long,
mais après une seule nuit [Grendel] perpétra de nouveau
plus de méchants meurtres et ne prit nul souci au sujet
de [sa] querelle et de [ses] actes criminels ; il y était trop décidé.
Lors il fut aisé à trouver, celui qui se
[chercha] ailleurs un lieu de repos plus éloigné,
un lit dans les pièces [du palais], lorsque lui fut indiquée,
[et] dite en vérité par claire preuve,
la haine du vassal gardien de la grand'salle ; il se tint après cela
loin et plus en sûreté, celui qui échappa à l'ennemi.
Ainsi [le monstre] domina et lutta contre le droit,
seul contre tous, jusqu'à ce que se dressa vide
la meilleure des maisons. Le temps fut long ;
l'espace de douze hivers l'ami[16] des Scyldings

supporta l'insulte, toute sorte de maux,
de vastes chagrins ; car après cela ce devint
connu sans secret aux enfants des mortels,
tristement par des chants, que Grendel luttait
de temps en temps contre Hrothgar, [lui] montrait inimitiés haineuses,
actes criminels et querelle pendant bien des semestres,
conflit continuel ; il ne voulait point par pitié
pour quelqu'un des hommes de la puissance des Danois
éloigner le mal mortel, accepter compensation pécuniaire,
et là aucun des conseillers n'osait s'attendre à
une brillante délivrance hors des paumes du destructeur.
L'être monstrueux terrible poursuivait,
ténébreuse ombre de mort, vétérans et jeunes gens,
[les] enserrait et prenait au piège, il tenait nuit après nuit
les marais brumeux ; les hommes ne savent
où se glissent en leurs courses les sorciers infernaux.
Tant d'actes criminels, l'ennemi de la race humaine,
le terrible solitaire, les perpétra souvent,
de plus dures humiliations ; il habitait Héorot,
la salle ornée de trésors, par les nuits noires ;
il ne pouvait approcher du siège des dons[17],
objet précieux devant la Divinité, et ne connaissait

pas l'amour divin[18].
C'était une grande peine pour l'ami des Scyldings,
un brisement de cœur[19]. Maint puissant s'assit souvent
au conseil, ils délibérèrent sur le secours,
sur ce qui serait le mieux pour des [gens] au cœur fort
à exécuter contre ces terreurs soudaines.
De temps à autre ils promettaient aux sanctuaires d'idoles
des sacrifices guerriers, ils priaient à haute voix[20]
que le destructeur d'esprit leur vint en aide
contre la misère nationale. Telle était leur coutume,
l'espoir des païens ; ils se rappelaient l'enfer
en leur esprit, ils ne savaient pas la Divinité,
le Juge des actes, ils ne connaissaient pas le Seigneur Dieu,
vraiment ils ne savaient pas adorer[21] le Protecteur des cieux,
le Gouverneur de gloire. Malheur est à qui doit
par dépit sauvage précipiter [son] âme
au sein du feu, ne pas s'attendre à consolation,
ni aucunement changer ; il est bien à qui peut
après le jour de la mort aller trouver le Seigneur
et au sein du Père rechercher la paix.

III.

Ainsi donc le rejeton de Healfdene méditait
des soucis du moment incessants ; le héros circonspect ne pouvait
détourner le mal ; cette anxiété était trop véhémente,
odieuse et prolongée, qui était survenue à la nation,
affreuse ruine méchamment cruelle, le pire des maux de la nuit.
Cela, un vassal d'Hygelac l'ouït dire au logis,
[héros] excellent parmi les Géates, [à savoir] les actes de Grendel ;
il était le plus vigoureux de la race humaine par la puissance
en ce jour de cette vie,
noble et considérable. Il commanda qu'on lui préparât
[son] excellent [vaisseau] voyageant sur les vagues ;
il déclara qu'il voulait,
lui, roi guerrier, aller trouver par-delà le chemin des cygnes
le fameux souverain, lorsqu'il avait besoin d'hommes.
Cette expédition, les gens circonspects la
blâmèrent peu en lui, quoiqu'il leur fût cher ;
ils encouragèrent le vaillant d'esprit, observèrent les présages.
L'excellent Géate avait choisi dans la nation
des champions, les plus audacieux de ceux

qu'il put trouver ; lui le quinzième[22]
se rendit au bois marin [navire] ; un pilote indiqua,
homme habile sur mer, les points de repère terrestres.
Un laps de temps s'écoula ; la barque était sur les vagues,
le bateau sous la colline. Les guerriers équipés
montèrent sur la proue ; les courants roulèrent
l'eau du détroit contre le sable ; les gens portèrent
au sein du navire de brillantes armures décorées,
un splendide attirail de combat ; les hommes poussèrent au large
les soldats, dans leur voyage spontané, le bois assemblé[23].
Lors elle alla sur l'eau agitée, sous l'impulsion du vent,
la barque au cou écumeux très semblable à un oiseau,
jusqu'à ce que vers le même moment du second jour
le [navire] à proue recourbée se fût avancé
au point que les passagers virent la terre ferme,
[virent] luire la falaise marine, les collines escarpées,
les larges promontoires ; lors le détroit était passé
au bout de la plaine liquide. De là rapidement
la gent des Weders monta sur la plaine ;
ils attachèrent le bois de mer[24] ; les cottes d'armes retentirent,
les vêtements de combat ; ils remercièrent Dieu
de ce que les routes des vagues leur furent aisées.
Lors du rempart le veilleur des Scyldings,

lui qui devait garder la falaise côtière[25],
vit porter par-dessus les passavants des écus brillants,
un attirail militaire préparé ; la curiosité le tenailla
en [ses] pensées [pour savoir] ce qu'étaient ces hommes.
Lors il alla chevaucher sur [sa] monture vers le rivage,
le vassal de Hrothgar, il brandissait fortement
un puissant bois [de javelot] dans [sa] droite, en parole parlementaires il demanda :
« Qui êtes-vous avec cet attirail d'armures,
protégés par des cottes de mailles, qui ainsi êtes venus
par delà les voies du large amener une embarcation élevée
[à proue couverte d'anneaux[26]] ici par-delà les eaux ?
J'ai été garde-côte, j'ai exercé la garde du littoral,
pour que sur la terre ferme des Danois aucun adversaire odieux
ne pût [nous] nuire avec une armée sur vaisseaux.
Jamais ici porteurs d'écus en tilleul n'ont essayé
de venir plus ouvertement ; et vous ne connaissiez pas
du tout le mot de passe des combattants,
la convention de [nos] parents. Je ne vis jamais sur terre
comte plus considérable que ne l'est l'un de vous,

homme en attirail guerrier ; ce n'est pas un simple partisan
orné d'armes, à moins que son visage ne le démente,
[son] aspect unique. Maintenant je dois
connaître votre origine, avant que plus loin d'ici,
faux espions, vous ne vous portiez plus avant
sur la terre ferme des Danois. Maintenant, étrangers lointains,
voyageurs de l'onde, écoutez mon
simple avis ; la hâte est le mieux
pour faire connaître d'où vous êtes venus ».

IV.

À lui l'aîné [le chef] répondit,
le conducteur de la troupe ouvrit le trésor des paroles :
« Nous sommes gens de la race d'hommes des Géates
et camarades de foyer d'Hygelac.
Mon père était fort connu des peuples,
noble chef suprême nommé Ecgtheow ;
il demeura bon nombre d'hivers avant que vieux
il s'éloigna de ses enclos ; de lui promptement se souviennent
presque tous les conseillers au loin sur la terre.
C'est dans un esprit honorable que nous sommes venus
trouver ton seigneur nourricier, fils de Healfdene,

défenseur de la nation ; sois-nous favorable par tes indications.
Nous avons un grand message pour ce fameux maître des Danois ; là, rien ne devra être secret de ce à quoi je m'attends[27]. Tu sais si cela est, comme nous l'avons vraiment entendu dire,
[à savoir] que parmi les Scyldings je ne sais quel cruel ennemi,
haineux en ses actes et caché, dans les sombres nuits fait montre par la terreur d'une malignité inouïe, d'outrages et de massacres. Sur ceci je puis, grâce à un vaste esprit, donner [bon] conseil à Hrothgar,
[à savoir] comment, prudent et excellent, il vaincra l'ennemi,
si jamais pour lui l'affliction des maux
devait se retourner[28], le remède venir de nouveau, et que les tourbillons du souci deviennent moins brûlants[29],
ou que toujours après cela il endure
un temps d'épreuve, un affreux mal, tant que restera sur son haut emplacement la meilleure des maisons.
Le garde parla, où il était assis sur sa monture, serviteur intrépide : « Le vigilant
guerrier à bouclier devra connaître entre les deux, entre les paroles et les actes, lui qui juge bien.
J'entends ceci, que c'est ici une troupe bien disposée pour le maître des Scyldings. Allez de l'avant porter armes et armures, je vous conduirai ;

aussi je recommanderai à mes parents vassaux
de conserver honorablement contre tout ennemi votre barque,
votre navire récemment goudronné, sur le sable,
jusqu'à ce que de nouveau il emporte
sur les courants du large, le bois au col recourbé,
le cher homme vers la marche des Weders.
À tel des [héros] agissant en braves[30] il sera accordé
d'échapper sain et sauf à l'assaut de la bataille. »
Lors ils se mirent en route ; la barque resta tranquille,
le vaisseau au large sein se reposa au câble,
fixé à [son] ancre. Les images de sanglier brillaient
couvertes d'or, au-dessus des garde-joues,
éclatantes et durcies au feu ; le verrat faisait garde.
Belliqueux, ils se hâtèrent, les hommes se pressèrent,
ils descendirent ensemble jusqu'à ce qu'ils purent
apercevoir la salle de planches superbe et éclatante d'or.
C'était là chez les habitants du globe le plus fameux de tous
les bâtiments sous les voûtes célestes, où le puissant restait ;
[sa] lueur rayonnait sur beaucoup de terres.
Lors le brave batailleur leur désigna la claire demeure
des preux, pour qu'ils pussent s'y
rendre tout droit ; l'un des héros combattants,
il retourna sa monture, puis il prononça ces paroles :
« C'est le moment pour moi de me mettre en route ;
que le Père qui gouverne tout

en Sa grâce vous maintienne sains et
saufs en [vos] aventures ! Moi, je veux revenir à la mer,
faire [bonne] garde contre une troupe hostile. »

V.

La voie était pavée en pierres multicolores, la sente guidait
les hommes réunis ensemble. La cotte de mailles du combat brillait
dure et sertie à la main, l'anneau de fer étincelant
cliquetait dans les armures, quand ils vinrent la première fois
se rendre à la salle dans leurs terribles accoutrements.
Lassés par la mer, ils placèrent [leurs] larges boucliers,
[leurs] écus étonnamment durs, contre le mur du bâtiment,
là ils s'accroupirent sur le banc ; les cottes de mailles retentirent,
attirail de combat des hommes ; les javelots se dressèrent,
attirail des marins, tout ensemble,
le bois de frêne gris au bout ; la bande [enveloppée] de fer

était bien pourvue d'armes. Là donc un fier héros
interrogea les soldats sur [leur] noble lignée :
« D'où apportez-vous les boucliers plaqués,
les grises cottes d'armes et les heaumes à visière,
[ce] monceau d'épieux militaires ? Je suis le messager
et l'officier de Hrothgar. Je n'ai pas vu
de si nombreux étrangers plus hardis.
Je m'imagine que c'est par fierté, nullement par suite d'exil,
mais par grandeur d'âme, que vous êtes venus trouver Hrothgar. »
Lors il lui répondit, l'homme au vaillant courage,
le fier chef des Weders reprit la parole,
hardi sous le heaume : « Nous sommes commensaux
d'Hygelac ; Beowulf est mon nom.
Je veux dire au fils de Healfdene,
au fameux souverain, mon message,
à ton prince, s'il veut nous accorder
que nous puissions le saluer, lui si excellent. »
Wulfgar parla (c'était un chef des Wendels,
son [grand] esprit était connu de plusieurs,
[sa] valeur et [sa] sagesse) : « Je vais demander ceci
à l'ami[31] des Danois, au maître des Scyldings,
au dispensateur de bagues, [disant] comment tu fais requête
au fameux souverain, pour ton aventure,
et te faire connaître promptement la réponse. »
Lors il se porta en hâte [là] où Hrothgar était assis
vieux et tout grisonnant, avec la compagnie de ses

comtes ;
l'homme au vaillant courage s'avança jusqu'à ce qu'il se tint aux épaules
du maître des Danois ; il connaissait l'usage de l'élite noble.
Wulfgar parla à son seigneur ami :
« Ici sont arrivés en voyage, venus de loin
par-delà l'étendue de l'océan, des gens des Géates ;
l'aîné [le chef], les soldats le
nomment Beowulf. Ils font requête
pour pouvoir, mon souverain, échanger
des paroles avec toi ; ne leur refuse pas
ta réplique, gracieux Hrothgar.
Ils semblent dignes dans leurs habits de guerre
de la haute estime des comtes ; certes le prince fut intrépide
qui a conduit ici ces guerriers ».

VI.

Hrothgar parla, [le] protecteur des Scyldings :
« Je l'ai connu quand il était adolescent ;
son vieux père était appelé Ecgtheow,
auquel au logis Hrethel le Géate donna
sa fille unique ; ores son descendant
hardi est venu ici, il est venu trouver un ami bien

disposé.
Aussi des voyageurs sur mer disaient ceci,
eux qui portèrent là-bas des dons précieux pour [gagner]
la faveur des Géates, qu'il avait la force puissante
de trente hommes dans l'étreinte de sa droite,
[lui], le vaillant dans la mêlée. Lui, le Dieu saint
l'a envoyé à bon secours pour nous,
pour les Danois de l'Ouest, [ce] dont j'ai espoir,
contre la terreur de Grendel ; à cet excellent [prince]
je dois offrir pour sa bravoure des objets précieux.
Hâte-toi, fais entrer tout ensemble
cette compagnie de parents pour que je [la] voie ;
de plus dis leur en paroles qu'ils sont les bienvenus
pour la nation des Danois. » [Alors vers la porte de la grand'salle Wulfgar s'avança,][32] il rapporta [cette] parole à l'extérieur :
« Mon seigneur victorieux, prince des Danois de l'Est,
vous fait dire qu'il connaît votre noble lignée,
et qu'[arrivant] ici par-delà les tourbillons de la mer,
hardis dans [vos] projets, vous lui êtes bienvenus.
Ores vous pouvez aller dans vos habits de combat,
sous [vos] masques d'armée, voir Hrothgar ;
laissez [vos] targes de bataille, [vos lances en] bois,
[vos] épieux de carnage, attendre ici l'issue du palabre. »
Lors le puissant se leva, [et] autour de lui maint guerrier,

suite de vassaux de choix ; quelques-uns demeurèrent là
[et] gardèrent les costumes militaires, comme le hardi
[chef] le leur ordonna.
Ils se dépêchèrent ensemble, comme l'homme les guidait,
sous le toit de Héorot ; [le vaillant d'esprit s'avança] [33],
hardi sous le heaume, jusqu'à ce qu'il se tint dans la chambre [34].
Beowulf parla (sur lui brillait la cotte de mailles,
la cotte d'armes jointe par l'habileté du forgeron) :
« Salut, Hrothgar, à toi ! d'Hygelac je suis
parent et homme lige ; j'ai entrepris plusieurs
exploits dans [ma] jeunesse. L'affaire de Grendel
me devint manifestement connue sur mon sol natal ;
les voyageurs sur mer disent que cette salle se dresse,
le meilleur bâtiment, vide et inutile
pour chacun des guerriers, après que la lumière du soir
se trouve cachée sous la voûte [35] du ciel.
Lors ma nation me conseilla cela,
les meilleurs, gens circonspects,
souverain Hrothgar, [à savoir] que je t'allasse trouver,
pour ce qu'ils connaissaient ma force de puissance ;
eux-mêmes avaient noté, lorsque je vins des embûches de la bataille,

souillé [du sang] des ennemis, où j'[en] liai cinq,
où je détruisis une race de monstres et dans les vagues frappai à mort
de nuit des monstres de mer, [que] j'endurai une détresse terrible,
[que] je vengeai la lutte contre les Weders — ils souffraient de maux —
[que] j'écrasai des bêtes féroces ; et ores contre Grendel,
contre cet être prodigieux, je dois seul décider
l'affaire contre l'ogre. Lors je veux ores,
seigneur des Danois Brillants, te demander,
rempart des Scyldings, une seule requête,
afin que tu ne me refuses pas, refuge des guerroyants,
noble ami des peuples, ores que je viens ainsi de loin,
que je puisse seul [et] la compagnie de mes comtes,
cette poignée d'hommes hardis, purifier Héorot.
J'ai aussi entendu raconter que l'être prodigieux
dans son insouciance ne tient nul compte d'armes ;
donc je renonce à ceci (afin qu'Hygelac,
mon seigneur lige, me soit gracieux d'humeur),
[à savoir] que je porte épée ou large bouclier,
écu jaune au combat ; mais avec [mon] étreinte je devrai
saisir l'ennemi, et combattre pour l'existence,
adversaire contre adversaire ; là il devra estimer que cela se fait
par le jugement du Seigneur, celui que la mort prendra.

Je m'imagine qu'il voudra, s'il peut l'emporter,
manger la nation des Géates dans la salle du combat sans crainte, comme il fit souvent
de la puissance[36] des [Danois] Triomphants. Tu n'auras nul besoin
de cacher [ma] tête, mais il voudra m'avoir
souillé de sang, si la mort me prend ;
il portera mon cadavre ensanglanté, il pensera le goûter,
le solitaire [le] mangera sans pleurs,
il [en] tachera [son] repaire de marais ; tu n'auras pas besoin
de pourvoir plus longtemps à la nourriture de mon corps.
Envoie à Hygelac, si la bataille me prend,
la plus excellente des enveloppes guerrières, qui défend ma poitrine,
la meilleure des armures ; c'est un legs de Hrethel,
œuvre de Weland[37]. Toujours la destinée va comme elle le doit ! »

VII.

Hrothgar parla, le protecteur des Scyldings :
« C'est pour un combat défensif, mon ami Beowulf,

et pour une aide bienveillante que tu es venu nous trouver.
Ton père a livré une très grande bataille,
il tua de sa main Heatholaf
parmi les Wilfings ; lors la race des Weders
ne put le recueillir par crainte d'invasion.
Alors il alla trouver le peuple des Danois du Sud
par-delà le roulis des vagues, les Scyldings Honorés ;
lors je gouvernais à [mes] débuts le peuple des Danois
et dans [ma] jeunesse j'occupais le bourg à trésor accumulé,
riche en gemmes, des héros. Lors Heregar était mort,
mon frère ainé était sans vie,
l'enfant de Healfdene ; il était supérieur à moi.
Ensuite j'arrangeai cette querelle par compensation pécuniaire ;
je renvoyai aux Wilfings par delà le dos des eaux
d'anciens objets précieux ; il me fit des serments.
C'est un chagrin pour moi dans mon esprit de dire
à un homme quelconque ce que Grendel m'a ourdi
d'humiliations à Héorot avec ses pensées haineuses,
d'attaques soudaines ; ma troupe de [gardes du] parvis,
[ma] poignée [d'hommes] de guerre, est diminuée ; la destinée les a enlevés
dans l'assaut terrible de Grendel. [Mais] sans peine Dieu peut
arrêter dans ses méfaits ce meurtrier insensé.

Bien souvent, ayant bu de la bière, des soldats
sur leurs coupes de cervoise se sont vantés
de vouloir attendre dans la salle de bière
le combat contre Grendel avec la terreur des tranchants d'épée.
Alors cette grand'salle d'hydromel était le matin,
cette salle seigneuriale, ensanglantée, quand le jour luisait,
toutes les planches des bancs humectées de sang,
la grand'salle [souillée] du sang des flamberges ; je possédais d'autant moins
de fidèles [serviteurs], précieuse élite, que la mort les enlevait.
Ores assieds-toi au banquet et communique tes pensées,
ta confiance en la victoire, à [tes] hommes, comme ton esprit [t'y] pousse.
Lors pour les Géates tous ensemble fut
préparé un banc dans la salle de bière ;
là les [gens] au cœur fort allèrent s'asseoir,
fiers de [leur] vigueur. Un vassal s'occupa de [son] service,
qui en [ses] mains portait une coupe de cervoise couverte,
il versa le brillant liquide. Parfois un ménestrel chantait
à voix claire dans Héorot ; il y avait là de la joie parmi les héros,
et nombreuse élite de Danois et de Weders.

VIII.

Unferth, l'enfant d'Ecglaf, parla,
[lui] qui était assis au pied du maître des Scyldings,
il déchaîna un thème de querelle (l'aventure de Beowulf,
du courageux voyageur sur l'onde, était pour lui un gros ennui,
parce qu'il n'admettait pas qu'aucun autre homme
obtint jamais dans l'enclos du milieu [la terre]
autant[38] d'actions glorieuses
sous les cieux que lui-même) :
« Est-ce toi ce Beowulf qui disputa contre Breca,
qui sur la large mer lutta à la nage,
quand par bravade vous affrontiez les lames,
et que par sotte vantardise sur l'eau profonde
vous risquiez [vos] jours ? Aucun homme,
cher ou odieux, ne put vous dissuader tous deux
de la triste aventure, quand vous nagiez sur le bras de mer,
lorsque de [vos] bras vous embrassiez le courant liquide,
[que] vous mesuriez les voies marines, [que] vous brandissiez vos droites[39],
[que] vous glissiez sur l'homme au trident ; l'océan bouillonnait de vagues,
tourbillon hivernal. Vous deux, dans le domaine de

l'eau,
avez peiné sept nuits ; celui qui l'emportait à la nage
avait plus de puissance. Lors au moment du matin
la crête d'eau le jeta chez les Heathorêmes ;
de là il alla trouver le doux pays natal,
lui cher à sa nation, la terre des Brondings,
[son] beau bourg de refuge, où il possédait un peuple,
un bourg et des bagues[40]. Toute [sa] vanterie contre toi,
le fils de Beanstan l'accomplit vraiment.
C'est pourquoi je compte pour toi sur un pire destin,
quoique tu aies été partout vaillant dans l'assaut guerrier,
dans le cruel combat, si tu oses attendre
de près Grendel pendant le laps d'une nuit. »
Beowulf parla, l'enfant d'Ecgtheow :
« Voici ! tu as exprimé un grand nombre de choses, mon ami
Unferth, enivré de bière, au sujet de Breca,
tu as [beaucoup] dit de son aventure. Je conterai la vérité,
[à savoir] que je possédais plus de vigueur sur mer,
d'endurance sur les vagues qu'aucun autre homme.
Tous deux nous nous entretînmes de cela, étant jouvenceaux,
et nous nous vantions (lors nous étions encore l'un et l'autre
en [notre] temps de jeunesse), qu'au dehors, sur l'homme au trident,

nous risquerions nos jours ; et cela, nous le fîmes ainsi.
Nous avions une épée nue, lorsque tous deux nous nageâmes sur le bras de mer,
[une épée] dure en mains ; tous deux nous pensions à nous
défendre contre les baleines. Il ne put nullement
flotter loin de moi sur les vagues du flot
plus vite sur la crête d'eau ; je ne voulus pas le quitter.
Lors tous deux ensemble nous fûmes sur la mer
le laps de cinq nuits, jusqu'à ce que le flot nous sépara,
les lames bouillonnantes ; le plus froid des temps [survint],
la nuit tombante, et le vent du Nord
farouche se tourna [contre nous] ; rudes étaient les vagues.
Des poissons de la mer l'humeur était excitée ;
là contre les adversaires ma cotte d'armes de corps,
dure, jointe par la main, [me] fournit secours ;
mon armure tissée de bataille, ornée d'or,
recouvrait [ma] poitrine. Un ennemi tacheté
me tira vers le fond, il [me] tenait ferme,
farouche dans son étreinte ; cependant il me fut accordé
que j'atteignisse l'être prodigieux de [ma] pointe,
de [mon] glaive de bataille ; un assaut guerrier
vigoureux enleva par ma main la bête marine.

IX.

Ainsi souvent les [bêtes] malfaisantes me pressèrent vivement. Je les servis
de ma bonne épée, comme il était séant ;
ils n'eurent aucunement joie du festin,
[ces] vils destructeurs, en ce qu'ils me dévorèrent,
assis autour du banquet, près du fond de la mer,
mais au matin, blessés d'estoc,
ils gisaient à la surface sur la laisse des vagues,
endormis par l'épée, en sorte que plus désormais
autour du profond chenal ils n'arrêtèrent en route
les voyageurs sur le courant de mer. La lumière vint de l'Est,
brillant signal de Dieu ; les courants de mer s'apaisèrent,
en sorte que je pus voir des promontoires,
des remparts battus du vent. La destinée sauve souvent
un comte non voué à la mort, quand son courage est vaillant.
Cependant il m'advint que je frappai de l'épée
neuf monstres de mer. Je n'ai pas entendu raconter de combat
de nuit plus dur sous la voûte du ciel,
ni [parler] d'homme plus en peine sur les courants

océaniques.
Cependant je survécus à l'emprise de [mes] antagonistes,
lassé de l'aventure. Lors la mer me porta,
le flot avec la marée, sur la terre des Finnois,
les lames bouillonnantes. Je n'ai nullement à propos de toi
ouï dire de telles luttes en armure,
un [tel] terrible danger de glaives ; jamais encore Breca
au jeu de la mêlée, ni l*un de vous deux,
n'a exécuté d'exploit aussi hardi
de [sa] brillante[41] épée (de cela je ne me vante pas beaucoup),
quoique tu sois devenu un meurtrier pour [ton] frère[42],
pour [ton] proche parent[43] ; de cela tu devras en enfer
subir le châtiment, quoique tu sois fort spirituel.
Je te dis en vérité, fils d'Ecglaf,
que jamais Grendel n'eût exécuté tant d'horribles méfaits,
l'être prodigieux et terrible, contre ton prince,
tant de hontes dans Héorot, si ta disposition,
si ton esprit était aussi farouche sous les armes que toi-même tu le contes ;
mais il a découvert qu'il n'a pas besoin de grandement redouter

les hostilités, la terrible attaque de pointe,
de votre nation, des Scyldings Victorieux.
Il prend des gages forcés, il n'épargne personne
de la nation danoise, mais il combat avec plaisir,
tue[44] et festoie, il ne tient nul compte d'un assaut
contre les Danois à javelots. Mais ores moi je devrai lui
montrer sous peu le pouvoir et le courage des Géates
au combat. Qu'il aille de nouveau, celui qui le peut,
brave, à [la beuverie d'] hydromel, après que la lumière du matin
d'un autre jour, que le soleil revêtu d'éther,
rayonnera du Sud pour les enfants des mortels ».
Lors fut en liesse le dispensateur de trésors,
à cheveux gris et renommé dans les combats, il compta
sur le secours, le seigneur des Danois Brillants, il entendit, lui,
pasteur du peuple, de la part de Beowulf une ferme résolution.
Là il y eut rire des héros, le bruit[45] retentit,
les paroles étaient gaies. Wealtheow s'avança,
la reine de Hrothgar, se souvenant de l'usage courtois,
elle salua, ornée d'or, les hommes dans la grand'salle ;
et lors la noble femme donna la coupe
d'abord au gardien du pays des Danois de l'Est,

elle lui recommanda d'être joyeux à la beuverie de bière,
cher à [sa] nation. Il prit avec plaisir
le banquet et la coupe de la salle, lui, le roi victorieux.
Lors la dame des Helmings fit le tour
de chaque partie [de la salle] auprès des anciens et des jeunes,
elle donna le précieux gobelet jusqu'à ce que survint l'occasion
pour qu'à Beowulf, reine ornée d'anneaux,
remarquable de jugement, elle portât la coupe d'hydromel.
Elle salua le chef des Géates et remercia Dieu,
sage et ferme en ses paroles, de ce que son désir s'était accompli[46],
qu'elle se fiât à quelque comte
pour une aide contre les attaques violentes. Il prit la coupe,
le guerrier acharné au carnage, de [s mains de] Wealtheow
et lors déclama, avide de combat.
Beowulf parla, l'enfant d'Ecgtheow :
« Je résolus cela, lorsque je montai sur la crête de l'eau,
que je m'assis dans le bateau de mer, avec la foule de mes hommes,
qu'en une seule fois je réaliserais
le désir de votre nation, ou qu'au carnage je

m'écroulerais,
saisi dans l'étreinte ennemie. Je devrai exécuter
un exploit de comte courageux ou passer
dans cette grand'salle d'hydromel mon dernier jour ».
À la femme plurent bien ces paroles,
les propos de défi du Géate ; elle alla, ornée d'or,
la noble reine du peuple, s'asseoir près de son maître
[et seigneur].
Lors de nouveau, comme jadis, à l'intérieur de la grand'salle
furent exprimées des paroles puissantes, le populaire fut en liesse,
la rumeur du peuple victorieux [retentit], jusqu'à ce que soudain
le fils de Healfdene voulut aller trouver
le repos du soir ; il savait que pour l'être prodigieux
une bataille avait été décidée contre la haute salle,
après qu'ils ne pourraient plus voir la lumière du soleil,
ou que la nuit tombante (s'étendrait) sur tous,
que des formes d'ombres nocturnes viendraient se glisser,
sombres sous les nuages [47]. Toute la troupe se leva ;
lors un homme salua l'autre,
Hrothgar, Beowulf et lui souhaita [48] bonne chance,
pouvoir dans la demeure de vin, et prononça cette parole :
« Jamais auparavant à aucun homme je n'ai confié,

depuis que je pus lever ma main et mon écu,
la demeure seigneuriale des Danois, sauf ores à toi.
Occupe ores et détiens la meilleure des maisons,
songe à [ton] renom, fais connaître ta force courageuse,
veille contre l'[être] hostile. Il n'y aura pas manque d'objets désirés
pour toi, si tu échappes vivant à cet exploit courageux. »

X.

Lors Hrothgar s'en alla avec sa compagnie de héros,
le rempart des Scyldings [sortit] de la grand'salle ;
le chef guerrier voulait aller trouver Wealtheow,
[sa] reine, comme compagne. Gloire des rois, il avait
contre Grendel, ainsi l'avaient oui dire les hommes,
placé un gardien de la salle ; il vaquait à un service spécial
autour du prince des Danois ; il offrait une garde contre le monstre.
Vraiment le cacique des Géates se fiait bien
à sa fière force, à la faveur de la Divinité.
Lors il se dépouilla de la cotte de mailles en fer,
[ôta] de [sa] tête le heaume, donna son épée décorée,
élite des [armes en] fer, au vassal préposé,

et lui enjoignit de garder l'équipement de bataille.
Lors l'excellent [chef] exprima quelques paroles de défi,
Beowulf des Géates, avant qu'il montât sur sa couche :
« Je ne me compte pas pour inférieur en prouesses guerrières[49],
d'exploits de carnage à lui, Grendel ;
c'est pourquoi je ne veux pas par l'épée l'endormir,
le priver de ses jours, encore que je le puisse [justement].
Il ne connaît rien de ces [arts] excellents, pour qu'il frappe contre moi,
qu'il heurte mon écu, quoiqu'il soit vaillant
en actes de violence ; mais tous deux, nous devrons la nuit
nous passer de sabre, s'il ose chercher
la lutte sans arme, et qu'après cela le Dieu sage,
le saint Seigneur, adjuge la gloire
à quelque main qu'il Lui semblera bon. »
Lors se coucha le brave champion, le coussin des joues reçut
le visage du comte, et autour de lui maint
ardent guerrier marin s'affaissa sur le lit de salle.
Aucun d'eux ne pensait que de là il dût
jamais de nouveau aller retrouver sa chère résidence,
[son] peuple ou [son] libre bourg, où il fut élevé :
mais ils avaient ouï dire qu'auparavant le carnage meurtrier

avait pris dans cette salle de vin beaucoup trop d'entre eux,
de la nation danoise. Mais à eux le Seigneur donna les trames du succès à la guerre, à la nation des Weders[50]
réconfort et secours, pour qu'ils vinssent tous
à bout de leur ennemi par la force d'un seul [homme],
par sa puissance personnelle ; la vérité est renommée,
[à savoir] que le puissant Dieu a de tout temps
gouverné la race des hommes. Dans la nuit sombre
le marcheur des ténèbres vint se glisser. Les archers étaient assoupis,
qui devaient garder ce bâtiment à cornes,
tous sauf un seul. Cela fut connu aux mortels,
que l'ennemi constant, lorsque la Divinité ne [le] voulait pas,
ne pouvait les précipiter sous les ténèbres ;
mais lui veillant, indigné contre l'[être] hostile,
attendit, furieux d'humeur, l'issue du duel.

XI.

Lors du marais, sous les pentes brumeuses,
Grendel vint s'avançant, il portait le courroux de Dieu[51] ;
le vil ennemi cruel s'imaginait prendre au piège

quelqu'un de la race humaine dans cette haute salle.
Il marchait sous les nuages vers l'endroit où il savait
fort bien [qu'il y avait] le bâtiment du vin, la salle
d'or des hommes,
brillante de plaques d'or ; ce n'était pas là la première fois
qu'il allait trouver le logis de Hrothgar.
Jamais auparavant ni plus tard dans ses jours vécus
il ne découvrit plus hardis gaillards, vassaux de salle.
Lors le guerrier vint au bâtiment en sa course
privé de joies ; bientôt la porte s'ouvrit
attachée par des barres forgées au feu, après qu'il l'eût touchée de ses paumes ;
lors pensant à mal il [l']enfonça, lorsqu'il fut gonflé de rage,
la bouche du bâtiment. Après quoi rapidement
l'ennemi foula le parquet éclatant[52],
il s'avança courroucé d'humeur ; de ses yeux sortait,
très semblable à une flamme, une lumière laide.
Il vit dans le bâtiment maints guerriers,
une compagnie de parents tout ensemble assoupie,
une poignée de guerriers apparentés. Lors son humeur exulta ;
il s'imagina qu'avant que vint le jour il séparerait,
être monstrueux terrible, la vie de chacun [d'eux]
de [son] corps, lorsqu'il lui fut survenu
espoir de repas abondant. Lors ce ne fut pas de nouveau la destinée

qu'il pût dévorer plus de [membres de] la race humaine
après cette nuit. [La] grande anxiété[53], le parent d'Hygelac la contint[54] [voyant] comment le cruel ennemi voudrait agir en ses attaques soudaines.
L'être monstrueux ne pensait pas à les retarder,
mais rapidement il saisit tout d'abord
un guerrier endormi, [le] déchira à l'improviste,
mordit [sa] charpente osseuse, but à flots le sang,
et avala des bouchées sans fin ; bientôt
il eut tout mangé du mort [jusqu'à ses]
pieds et [ses] paumes. Il s'approcha de plus près en avant,
lors il prit de [ses] mains le valeureux
guerrier sur la couche ; contre [lui]
l'ennemi étendit la paume ; rapidement il saisit
l'intention hostile et s'attacha au bras [du monstre].
Bientôt le maître criminel découvrit cela,
qu'il n'avait pas rencontré dans cet enclos du milieu[55],
dans les régions terrestres, chez un autre homme
une droite étreignant plus fort ; il devint apeuré
d'humeur, de cœur ; il n'en put pas échapper plus tôt [pour cela].
Son esprit était avide de partir, il voulait fuir dans l'obscurité,
aller trouver la horde des démons. Là son état[56] n'était pas

tel qu'il l'avait auparavant rencontré en ses jours vécus.
Lors l'excellent parent d'Hygelac se rappela
[son] discours du soir, il se tint droit
et le saisit fermement à bras le corps ; les doigts craquèrent ;
le monstre s'enfuyait ; le comte alla en avant.
L'infâme s'imaginait gagner le large
où qu'il le pût et fuir loin de là
dans [sa] retraite de marécage ; il savait le pouvoir de ses doigts
en l'étreinte du farouche [ennemi]. C'était là une triste course
que l'[être] malfaisant avait faite jusqu'à Héorot.
La salle seigneuriale retentit ; il se produisit pour tous les Danois,
habitants du château, pour chacun des audacieux,
pour les comtes, une grande terreur panique[57]. Tous deux étaient courroucés
furieux, les puissants gardiens. Le bâtiment résonna ;
lors ce fut une grande merveille que la salle de vin
résista aux braves combattants [et] qu'il ne tomba pas sur le sol,
le bel édifice terrestre. Mais il était si fermement
construit au dedans et au dehors avec des crampons de fer
d'un art curieux. Là s'écarta de sa base
maint banc d'hydromel, à ce que j'ai appris,
adorné d'or, lorsque les farouches luttèrent là.

C'est à quoi ne songèrent point auparavant les conseillers
des Scyldings, que quelque homme pourrait jamais par sa force
le briser, [bâtiment] splendide et brillant de bois de cerfs,
le détruire par [son] adresse, à moins que l'emprise de la flamme
ne l'engloutît dans la fumée. Un bruit s'éleva
assez surprenant ; des Danois du Nord s'empara
une affreuse alarme, de chacun de ceux
qui du rempart entendirent la lamentation,
[qui entendirent] l'adversaire de Dieu entonner son air
terrible, chant de défaite, et pleurer sa douleur,
[lui], le captif de l'enfer. Celui-là le tenait ferme
qui était le plus vigoureux des hommes par [sa] puissance
en ce jour de cette vie.

XII.

Il ne voulut, le refuge des comtes, en aucune façon
quitter vivant ce meurtrier survenu,
il n'en jugeait pas les jours de vie utiles
à quelqu'un d'entre les nations. Là plus d'un

comte de Beowulf brandit [une épée], ancien legs,
voulut défendre l'existence de [son] seigneur et maître,
du fameux souverain, partout où il le pouvait[58].
Ils ne savaient pas cela, lorsqu'ils prirent part à l'altercation,
les batailleurs à l'esprit hardi,
et qu'ils pensaient à lui porter des coups de chaque côté,
à aller trouver son âme[59], que cet ennemi constant,
aucune élite d'armes en fer sur la terre,
aucun glaive de combat, ne voudrait [l']approcher[60] ;
mais il s'était garanti magiquement contre des armes victorieuses,
contre toute sorte de pointes d'épées. Son départ mortel[61]
devait se produire misérable en ce jour
de cette vie, et l'esprit étranger
[devait] voyager au loin sous la domination des ennemis.
Lors il découvrit cela, lui qui auparavant
de gaîté d'humeur exécuta contre la race humaine
beaucoup de crimes, lui, rebelle contre Dieu,
que l'enveloppe de son corps ne voudrait pas résister,
mais que le courageux parent de Hygelac
le tenait [ferme] par la main ; chacun vivant était
odieux à l'autre. Il reçut[62] une blessure de corps,

l'être monstrueux terrible ; sur son épaule se produisit
évidente une plaie perpétuelle ; [ses] tendons sautèrent,
les chairs[63] éclatèrent. À Beowulf fut accordée
la gloire du combat ; de là Grendel dut
s'enfuir, mortellement atteint, sous les pentes marécageuses,
aller chercher sans joie [son] habitation ; il savait trop bien[64]
que la fin de ses jours était arrivée,
le chiffre journalier de ses journées. Pour tous les Danois
après cet assaut de carnage le désir était accompli.
Lors il avait purifié, lui qui avant vint de loin,
circonspect au cœur fort, la salle de Hrothgar,
et [l'avait] préservée contre l'attaque ; il se réjouit de son œuvre
de nuit, de son exploit intrépide. Pour les Danois de l'Est
il avait exécuté, lui, le cacique des gens Géates, [sa] vanterie,
il avait aussi porté remède à toute la détresse,
au chagrin [provenant] de l'être hostile, qu'ils enduraient avant
et qu'ils devaient supporter par affreuse nécessité,
humiliation non médiocre. C'en fut une preuve évidente
quand le brave guerrier déposa la main,

le bras et l'épaule (il y avait là tout ensemble
la serre[65] de Grendel) sous le toit spacieux.

XIII.

Lors il y eut le matin, à ce que j'ai appris,
autour de la grand'salle aux dons maint combattant ;
les conducteurs de peuple se mirent en route de loin et de près
sur les grands chemins pour observer la merveille,
les traces de l'adversaire odieux. Son départ de la vie
ne sembla lamentable à aucun des hommes
qui observaient la piste de l'[être] sans gloire,
[et] comment las d'humeur, partant de là,
vaincu dans l'attaque, vers l'onde des monstres de mer,
voué à la mort et mis en fuite, il laissa des traces vives.
Là le courant marin bouillonnait de sang,
le terrible remous des vagues tout mêlé
de sang frais et chaud, bouillonnait du sang des flamberges ;
l'[être] voué à la mort [le] teignait, après que, dépourvu de joies,
il déposa l'existence dans la paix des marécages,

[son] âme païenne ; là l'enfer[66] le reçut.
De là les anciens compagnons s'en retournèrent,
aussi maint jeune [homme], du gai voyage
pour remonter courageux de la mer avec des coursiers,
ces militaires sur palefrois blancs. Là fut proclamé
l'exploit de Beowulf ; maint [homme] assura souvent
que ni au Sud ni au Nord entre les mers
sur le vaste sol aucun autre [héros]
sous l'étendue du firmament n'était meilleur
entre les porteurs d'écus, plus digne de la souveraineté.
Certes ils ne blâmaient[67] nullement leur seigneur ami,
le gracieux Hrothgar, mais c'était [bien] un roi excellent.
Parfois les vaillants à la mêlée laissaient galoper,
partir en course [leurs] coursiers bais,
là où les chemins de campagne leur semblaient beaux,
[leurs coursiers] célèbres pour leurs qualités d'élite.
Parfois un vassal du roi,
homme plein[68] de vanterie, se souvenant de chants
[et] qui se rappelait un fort grand nombre
de vieilles sagas, imaginait une histoire nouvelle[69]
rattachée à un fait vrai. L'homme commença de nouveau
à traiter habilement l'aventure de Beowulf

et à redire avec succès d'ingénieux récits,
à associer des mots ; il relata tout ce qu'il avait
entendu dire des actes de courage de
Sigemund, beaucoup de choses inconnues,
l'altercation de Waelsing, [ses] aventures au loin,
que les enfants des hommes ne savaient pas du tout,
—

les querelles et les crimes, — sauf Fitela [qui se trouvait] avec lui,
quand il voulut lui dire un peu de cette affaire,
l'oncle à son neveu, comme ils furent toujours,
à chaque attaque, camarades dans le besoin ;
ils avaient de leurs épées abattu un fort grand nombre
de la race des monstres. Pour Sigemund surgit
après le jour de sa mort un éclat non médiocre[70]
en tant que, hardi à la guerre, il avait tué le reptile,
gardien du trésor accumulé ; lui, sous la roche grise,
enfant de noble, osa seul
l'acte téméraire ; Fitela n'était pas avec lui.
Cependant il lui advint que l'épée transperça
le merveilleux reptile, [en sorte] qu'elle s'arrêta dans le mur,
fer seigneurial ; le dragon mourut de mort violente.
Le [guerrier] prodigieux avait obtenu par [son] courage
qu'il pût user du trésor accumulé de bagues
à son gré[71]. Il chargea un bateau de mer,
il porta au sein du vaisseau de brillants joyaux,

lui, le descendant de Waels ; la chaleur consuma le reptile.
Il fut largement le plus fameux des coureurs d'aventures
entre les nations humaines, lui, le refuge des guerroyants,
par ses actes de courage ; aussi prospéra-t-il jadis[72].
Après qu'eut diminué la prouesse batailleuse d'Heremod,
[son] pouvoir et [son] courage, il fut entre les Eotens trahi au dehors en la domination des ennemis,
et vite envoyé au loin. Des tourbillons d'inquiétudes le troublèrent trop longtemps ; pour [sa] nation,
pour tous les nobles il se trouva [être] un souci mortel.
Souvent aussi aux temps jadis maint sujet circonspect a déploré l'aventure du [prince] au cœur fort,
[maint sujet] qui comptait sur lui comme aide contre les maux,
[pensant] que cet enfant du souverain devrait prospérer,
recevoir le noble rang de [son] père, garder le peuple,
le trésor accumulé et le bourg de refuge, le royaume des héros,
le pays natal des Scyldings. Là [Beowulf],
le parent d'Hygelac, se trouva plus chéri [que Heremod]
de toute la race humaine, de ses amis. Le crime assaillit ce dernier.

Parfois luttant à la course ils suivaient les routes fauves
sur [leurs] coursiers[73]. Lors la lumière du matin [le soleil]
fut lancée et hâtée. Maint feudataire s'avança,
fort d'esprit, vers la haute salle
pour voir la rare merveille ; aussi le roi lui-même,
gardien des trésors accumulés de bagues, marcha,
glorieux, du gynécée avec un grand cortège ;
[le roi] renommé pour ses qualités d'élite, et sa reine avec lui,
prirent[74] le sentier [de la salle] d'hydromel avec un groupe de jeunes filles.

XIV.

Hrothgar parla ; il se rendit à la grand'salle,
se tint sur le perron, regarda le toit escarpé
éclatant d'or et la main de Grendel :
« Pour cette vue que grâce soit rendue[75]
promptement au Gouverneur Universel. J'ai éprouvé beaucoup d'horreurs, de tristesses, par Grendel ; [mais] toujours Dieu
peut effectuer merveille sur merveille, Conservateur de l'honneur.
C'était tout récemment que je m'imaginais

que de ma vie jamais je ne verrais[76] de remède à aucun
de [mes] maux, pour ce que tachée de sang
la meilleure des maisons se dressait ensanglantée de flamberges.
Le mal avait dispersé au loin chacun des conseillers,
qui ne s'imaginaient pas que, de leur vie entière,
ils défendraient l'œuvre de la nation contre les odieux
adversaires, démons et diables. Ores un feudataire
a par la puissance du Seigneur exécuté un acte
auquel tous nous ne pouvions auparavant
atteindre par [notre] prudence. Voici ! elle peut le dire,
cette femme même qui mit au monde un tel rejeton
parmi les races d'hommes, si elle vit toujours,
que de tout temps la Divinité lui fut favorable
en son accouchement. Ores moi, Beowulf, le plus
excellent des héros, je veux t'aimer, toi, comme [mon] fils
en [mon] cœur ; tiens bien désormais
la nouvelle parenté. Il n'y aura pour toi aucun manque
d'objets désirés au monde sur lesquels j'ai domination.
Bien souvent j'ai assigné pour moins une récompense,
une distinction par trésor accumulé, à un guerrier inférieur,
plus faible à l'assaut. Tu as toi-même

effectué par [tes] actes que ton [éclat] vive
à tout jamais. Que le Gouverneur Universel te [le] rende
en bien, commme ores il l'a fait encore ! »
Beowulf parla, l'enfant d'Ecgtheow :
« Cette œuvre courageuse, ce combat, c'est très volontiers
que nous l'avons effectué, que hardiment nous avons bravé
le pouvoir de l'inconnu ; je voudrais plutôt
que tu eusses pu le voir lui-même,
l'ennemi en [son] accoutrement [et] lassé à en tomber.
Je pensai vite à le lier par de
dures étreintes au lit de carnage,
en sorte que par ma droite qui le saisit il dût
être couché luttant pour la vie, à moins que son corps n'échappât ;
je ne pus, lorsque la Divinité ne le voulut pas,
empêcher [son] départ ; je ne m'attachai pas assez bien à lui,
à l'assaillant mortel, il était trop supérieur en puissance,
l'ennemi, par son allure. Cependant il a laissé sa paume,
pour sauver [sa] vie et marquer [sa] trace,
[son] bras et [son] épaule ; pourtant il n'obtint en cela,
homme misérable, aucun soulagement ;

le malfaiteur n'en vivra pas plus longtemps,
harassé de péchés ; mais la douleur le tient
saisi étroitement en une terrible étreinte,
dans de funestes liens ; là il devra attendre,
rejeton souillé de crimes, le grand jugement
suivant que la Divinité éclatante voudra le condamner. »
Lors le fils d'Ecglaf [Unferth] fut un homme plus silencieux
sur [son] discours de défi au sujet d'exploits de combat,
après que les nobles, grâce à la force habile du comte,
observèrent la main [du monstre] sur le haut toit,
chacun [voyant] devant lui les doigts de l'ennemi ;
chacune des places des ongles était très semblable à de l'acier,
la griffe du païen, les pointes monstrueuses
du guerrier batailleur ; chacun déclara
que rien de plus dur ne voudrait les toucher[77],
aucune lame de fer excellente[78] qui voulût
arracher la sanglante paume d'assaut de l'être prodigieux.

XV.

Lors il fut rapidement ordonné que Héorot fût orné
intérieurement de paume [d'homme] ; il y eut beaucoup
d'hommes et de femmes qui préparèrent
le bâtiment de vin, la salle d'hôtes. Éclatantes d'or brillaient
les tapisseries sur les murailles, nombreux spectacles merveilleux
pour chacun des humains qui contemplent[79]
pareilles choses.
Le brillant édifice était grandement abîmé,
tout affermi à l'intérieur avec des crampons de fer,
les gonds [étaient] forcés ; seul le toit fut sauvé
entièrement intact, quand l'être prodigieux,
souillé d'actes criminels[80], prit la fuite,
désespérant pour ses jours. Ce n'est pas aisé
d'échapper [à la mort], l'essaie qui veut ;
mais il devra gagner de nécessité nécessaire
l'endroit préparé pour les enfants des mortels
qui portent une âme et occupent le sol,
où l'enveloppe de son corps fixé sur le lit de couche
s'assoupira après le banquet. Lors ce fut le temps et l'occasion
pour que le fils d'Healfdene se rendît à la grand'salle ;
le roi lui-même voulut participer au banquet.
Je n'ai jamais ouï dire que des tribus en troupe plus nombreuse

se soient mieux comportées autour de leur donateur de trésors.
Lors les [troupes] prospères s'accroupirent sur le banc,
se réjouirent du festin ; de façon séante
leurs parents prirent maintes coupes d'hydromel,
[guerriers] forts d'esprit dans la haute salle,
Hrothgar et Hrothulf. À l'intérieur Héorot était
rempli d'amis ; les Scyldings nationaux
n'avaient encore aucunement usé de traîtrise.
Lors l'enfant de Healfdene [Hrothgar] donna à Beowulf
une bannière dorée comme récompense pour [sa] victoire,
un étendard à hampe couvert [d'ornements], un heaume et une cotte de mailles ;
beaucoup virent apporter la fameuse épée à [pierres] précieuses
devant le [chef] militaire. Beowulf reçut [en mains]
la coupe dans le parvis. Il n'eut pas besoin
d'avoir honte du don d'argent devant les archers.
Je n'ai pas oui dire que beaucoup d'hommes aient remis
plus amicalement quatre objets précieux [pareils]
ornés d'or à un autre sur le banc de cervoise.
Autour du toit du heaume, un rebord entouré
de fils de fer fournissait extérieurement protection à la tête,
afin que les épées[81] ne pussent pas audacieusement,

durcies par la trempe[82], lui nuire, quand le preux à bouclier
devrait se rendre au-devant d'ennemis farouches.
Lors le refuge des comtes [Hrothgar] ordonna d'amener
sur le parvis huit coursiers à bride plaquée d'or
au dedans des barrières ; sur l'un d'eux se dressait
une selle habilement décorée, ornée d'un trésor [de joyaux] ;
c'était là le siège de bataille du haut roi,
quand le fils de Healfdene voulait prendre part
au jeu des épées ; jamais à l'avant-garde ne défaillit
la valeur du [chef] connu au loin, quand tombaient les cadavres.
Et lors le rempart des Ingwins transmit à Beowulf
possession et des unes et des autres,
des montures et des armes ; il lui recommanda d'en bien jouir.
Ainsi le fameux souverain, gardien du
trésor accumulé des héros, [lui] revalut de façon virile
les assauts de la mêlée en coursiers et objets précieux,
tels que jamais
ne [les] blâma l'homme qui veut dire la vérité selon le droit.

XVI.

Lors en plus le seigneur des comtes remit à chacun de ceux qui avec Beowulf voyagèrent par le chemin du courant marin
des objets précieux sur le banc d'hydromel,
[quelque] legs de famille ; et il ordonna de donner compensation en or pour celui que Grendel auparavant
avait méchamment tué, comme il voulait en [tuer] plus,
si le Dieu sage et l'humeur courageuse de cet homme n'avaient écarté la destinée[83]. La Divinité gouvernait tous ceux
de race humaine, comme Elle le fait encore maintenant ;
c'est pourquoi l'intelligence est partout ce qu'il y a de mieux,
la prévoyance du cœur. Il devra endurer beaucoup d'aimable et d'odieux[84] celui qui longtemps ici
use du monde en ces jours de lutte.
Là il y eut chant et musique tout ensemble
au sujet du [chef], sage à la bataille, de Healfdene,
le bois joyeux [la harpe] fut touché, lai souvent répété,
quand le ménestrel de Hrothgar dut proclamer
la joie de la grand'salle le long du banc d'hydromel :
« Par les descendants de Finn, lorsque l'alarme les assaillit[85],
le héros des Demi-Danois, Hnaef des Scyldings,

dut tomber dans le massacre des Frisons.
Certes Hildeburgh n'eut pas de raison pour louer
la bonne foi des Eotens ; innocemment elle se trouva
privée de [ses] bien-aimés au jeu des écus en tilleul,
de [ses] enfants et de [ses] frères ; ils s'affaissèrent
sous le destin[86]
blessés par le javelot ; triste fut la dame.
Ce ne fut nullement sans cause que la fille de Hôc
pleura le décret de la Divinité, après que vint le matin,
lorsqu'elle put voir sous le firmament
la ruine meurtrière de [ses] parents, là où auparavant elle tenait
le plus de joie au monde. La guerre enleva tous
les vassaux de Finn, sauf quelques-uns en petit nombre,
en sorte qu'il ne put sur le lieu de rencontre
faire en aucune façon la guerre à Hengest,
ni sauver les malheureux survivants, par la guerre[87],
du vassal de [ce] souverain, mais ils offrirent des conditions à Hengest,
[à savoir] qu'ils lui céderaient en entier un autre parvis,
grand'salle et haut siège, afin qu'ils pussent posséder
domination à demi avec les enfants des Eotens[88]
et que pour les dons pécuniaires le fils de Folcwalda [Finn]
ferait honneur, à chacun des jours [de paie], aux

Danois,
qu'il gratifierait d'anneaux la suite de Hengest,
[et] même aussi largement des biens de [son] trésor
d'or en plaques qu'il voudrait [en] encourager
la race des Frisons dans la salle de bière.
Lors ils confirmèrent des deux côtés
un ferme contrat de paix. À Hengest Finn
jura avec serment absolument sans contestation
qu'il traiterait honorablement, au jugement des conseillers,
les malheureux survivants, que là aucun homme
en paroles ni en œuvres ne violerait le contrat [de paix],
ni ne l'enfreindrait jamais par une ruse hostile,
bien qu'ils eussent suivi le meurtrier de leur donateur de bagues,
étant sans souverain, lorsque [cela] leur fut ainsi imposé.
Si alors[89] quelqu'un des Frisons par un discours
provocant rappelait cette haine meurtrière,
alors le tranchant de l'épée devrait l'[apaiser].
Le serment fut fait, et l'or massif[90]
fut soulevé hors du trésor accumulé. Le meilleur des guerriers
des Scyldings d'Armée était prêt sur le bûcher ;
sur l'amas étaient aisément visibles
la cotte d'armes ensanglantée, l'[image du] verrat
toute d'or,

le sanglier en fer dur, maint noble destiné
à la mort par [ses] blessures ; plus d'un s'était écroulé au carnage.
Lors Hildeburgh ordonna que sur l'amas de Hnaef
on confiât à la flamme son propre fils, à elle,
qu'on brûlât les corps[91] et qu'on [les] mît sur le bûcher ;
la malheureuse dame pleura sur l'épaule [du mort]
[et] se lamenta en complaintes. Le guerrier combattant monta dans
les flammes]. Le plus grand des feux de carnage surgit en volutes vers
les nuages, retentit au-dessus du tertre ; les têtes fondirent,
les blessures béantes éclatèrent ; alors le sang jaillit
par la morsure hostile [la blessure] du corps. La flamme, le plus avide
des esprits, dévora tous ceux des deux peuples que le combat
avait enlevés là ; leur souffle[92] était parti. »

XVII.

« Lors les guerroyants s'en allèrent visiter [leurs] habitations ;
privés de [leurs] amis, ils [allèrent voir la Frisie,

[leurs] logis et [leur] haut bourg. Lors Hengest
demeura encore, cet hiver souillé de carnage, avec Finn
absolument sans contestation ; il se souvenait de [sa] résidence,
quoiqu'il ne put pas pousser sur l'onde
un [navire] à proue couverte d'anneaux ; la crête d'eau bouillonnait sous l'orage,
luttait contre le vent ; l'hiver enserrait les vagues
d'un lien de glace, jusqu'à ce qu'une autre[93] année
vînt aux enclos [des hommes], comme elle le fait ores encore,
[et] les temps merveilleusement brillants qui continuellement
observent la saison[94]. Lors l'hiver était parti,
beau [était] le sein de la campagne ; le voyageur,
l'étranger sortait en hâte de [son] enclos. Lui, plutôt
qu'à un voyage sur mer, songeait à vengeance,
s'il pouvait causer une rencontre insultante
pour qu'en elle il se rappelât[95] les enfants des Eotens.
Aussi il n'évita[96] pas le sort du monde[97],
quand Hunlafing lui plongea dans le sein[98]
la lueur des batailles [l'épée brillante], le meilleur des glaives ;
les tranchants en étaient célèbres parmi les Eotens.
De même ensuite une terrible mort par l'épée
assaillit Finn au cœur preux dans son propre logis,

quand Guthlaf et Oslaf se lamentèrent avec chagrin
sur l'attaque[99] farouche, après leur voyage sur mer
[et] l'accusèrent de [leur] part de maux ; [son] esprit[100]
agité ne put se garder dans [sa] poitrine. Lors la grand'salle
fut couvert de cadavres d'ennemis, Finn aussi [fut] frappé à mort,
le roi dans [son] cortège, et la reine [fut] prise.
Les archers des Scyldings portèrent aux vaisseaux
toute la propriété mobilière du roi de [cette] terre,
ce qu'ils purent trouver au logis de Finn
de bijoux, de gemmes curieuses. Sur le sentier de la mer
ils portèrent la femme[101] seigneuriale aux Danois,
[la] conduisirent à [sa] nation. »
Le lai fut chanté en entier,
le chant du ménestrel. La gaîté s'éleva de nouveau,
le bruit sur les bancs s'entendit clairement ; les échansons versaient
le vin [tiré] de récipients merveilleux. Lors Wealtheow vint
s'avancer sous un diadème d'or, là où les deux vaillants,
oncle et neveu[102], étaient assis ensemble ; lors il y avait encore entente
entre eux, chacun [était] fidèle à l'autre. Là aussi, Unferth l'orateur

était assis aux pieds du maître des Scyldings ; chacun d'eux se fiait à [son] cœur,
[et] qu'il eût grand courage, quoiqu'il n'eût pas été pour ses parents
plein d'honneur au jeu des tranchants d'épée. Lors la souveraine des Scyldings parla :
« Prends cette coupe, mon seigneur et maître,
dispensateur du trésor ; toi, sois en allégresse,
ami d'or des hommes, et parle aux Géates
avec de douces paroles, ainsi qu'on doit le faire.
Sois gracieux envers les Géates, te souvenant de dons ;
auprès et au loin ores tu as la paix.
On m'a dit que tu voulais avoir comme fils pour toi
le guerrier d'armée. Héorot est purifié,
la brillante salle de bagues ; use, tandis que tu le peux,
de maints prix, et laisse à tes proches
peuple et royaume, quand tu devras t'en aller
pour voir le destin de la divinité. Je connais mon
gracieux Hrothulf, [et] qu'il voudra diriger
avec honneur la jeunesse, si avant lui,
ami des Scyldings, tu quittes ce monde ;
je m'imagine qu'il voudra [le] revaloir en bien
à nos descendants, s'il se rappelle tout ce
que nous deux avons auparavant montré de faveurs,
par bon vouloir et pour l'honneur[103], à lui enfant. »
Lors elle se dirigea auprès du banc où ses garçons étaient,

Hrethric et Hrothmund, et les enfants des héros,
la jeunesse réunie ; là l'excellent était assis,
Beowulf le Géate, auprès des deux frères.

XVIII.

À lui la coupe fut portée, et l'invitation amicale
offerte en paroles, et l'or enroulé [fut]
aimablement présenté, deux bracelets,
un manteau et des anneaux, le plus beau des cercles de cou
dont j'aie entendu parler sur le globe.
Jamais sous le firmament je n'ai entendu parler d'un meilleur
trésor accumulé de héros, depuis que Hama emporta
au brillant bourg le collier des Brisings,
le bijou et l'écrin ; il fuyait les ruses ourdies
d'Eormenric, [et] gagna un profit éternel.
Cet anneau, Hygelac le Géate l'eut,
le petit-fils de Swerting, dans [sa] dernière aventure,
après que sous [sa] bannière il défendit le trésor
[et] garda le butin du carnage ; la destinée l'enleva
après que par bravade il souffrit des maux,
la querelle avec les Frisons. Lors il porta les joyaux,
les pierres précieuses, par delà la coupe des vagues,
le puissant souverain ; il succomba sous [son] écu.

Lors le corps du roi passa aux mains des Francs,
[son] armure de poitrine et le cercle [de cou] ensemble ;
de preux guerriers inférieurs pillèrent les cadavres
après le massacre du combat ; les gens des Géates
tenaient le lieu de cadavres[104].

    La grand'salle était pleine de bruit[105].
Wealtheow parla, devant la troupe elle s'exprima [ainsi] :
« Use de ce cercle [de cou], cher Beowulf,
jeune homme, avec bonne chance et sers-toi de ce manteau,
de [ces] biens publics et prospère bien ;
signale toi par [ta] force et sois pour ces jouvenceaux
aimable en conseils. Pour cela je me souviendrai
envers toi de récompenses.
Tu as obtenu qu'au loin et auprès
à tout jamais les hommes t'estimeront[106]
même autant au large que la mer entoure
les remparts de la côte battus par le vent. Sois, tant que tu vivras,
un noble fortuné ; je te souhaite bien des
trésors précieux. Sois pour mon fils,
amical en actes, sauvegardant [sa] joie.
Ici chaque comte est fidèle à l'autre,
doux d'humeur, loyal comme son seigneur lige ;
les vassaux sont amènes, tout le populaire prêt à l'appel.

Hommes liges abreuvés de vin, faites comme je vous l'ordonne[107] ».
Lors elle s'avança vers son siège. Là il y eut l'élite des banquets,
les hommes burent le vin ; ils ne connaissaient pas la destinée,
le sort cruel, comme il se trouvait déclaré contre maint comte. Après que le soir fut venu
et que Hrothgar s'en alla à sa demeure,
le puissant à [son] repos, des comtes innombrables
gardèrent le bâtiment, comme ils [le] firent souvent auparavant.
Ils débarrassèrent les planches de bancs ; [la salle] se trouva jonchée
de lits et de traversins. L'un des feudataires pris de bière,
prêt et voué [à la mort], s'affaissa sur le [lit de] repos du parvis.
Ils placèrent à [leur] tête les écus de bataille,
les brillants bois de targes ; là sur le banc fut
aisément visible au-dessus de [chaque] noble
le heaume qui domine la mêlée, la cotte de mailles à anneaux,
le glorieux bois d'attaque [le javelot]. C'était leur coutume
qu'ils fussent sans cesse préparés à la guerre
tant au logis qu'au champ de bataille, et chacun d'eux,

même à tels moments où la nécessité [en] survenait
à leur seigneur lige ; cette gent était brave.

XIX.

Lors ils s'enfoncèrent dans le sommeil. L'un [d'eux] paya douloureusement
le repos du soir, comme il leur arriva fort souvent,
après que Grendel eut habité la salle d'or,
pratiqué l'injustice, jusqu'à ce que la fin survint,
le trépas après [ses] péchés. Ceci devint visible,
connu au loin des hommes, que pour lors un vengeur vivait encore après l'odieux adversaire, pour longtemps
après le combat et son souci. La mère de Grendel, femme, femelle monstrueuse, se souvint de [sa] misère,
elle qui dut habiter les eaux terribles,
les froids cours d'eau, après que Caïn devint
meurtrier, par l'épée tranchante, de son frère unique,
fils de [son] père ; lors il [Caïn] s'en alla, banni,
marqué par le meurtre, pour fuir la joie humaine,
il habita le désert. De là naquirent[108] beaucoup
d'esprits voués par le destin[109] ; Grendel était l'un d'eux,
loup féroce haïssable[110], qui trouva à Héorot

un homme veillant pour attendre la guerre.
Là l'être prodigieux se trouva aux prises avec lui ;
cependant il se souvint de la vigueur de sa puissance,
de l'ample don que Dieu lui octroya,
et se confia au Maître Suprême pour la grâce[111],
le réconfort et le secours ; aussi il vainquit l'ennemi,
abattit l'esprit infernal. Lors il s'en alla méprisé,
privé de joie, voir l'habitation de la mort,
lui, l'ennemi de la race humaine. Et lors sa mère encore,
avide et d'humeur patibulaire, voulut aller
en lamentable aventure venger la mort de [son] fils ;
lors elle vint à Héorot, où les Danois aux Anneaux[112]
étaient assoupis par toute la salle. Lors bientôt il se trouva
là un bouleversement pour les comtes, après que la mère de Grendel
fit irruption. L'effroi fut moins grand
d'autant même que la force d'une femme,
l'effroi guerrier féminin, [l'est moins] auprès d'hommes armés,
quand la flamberge bien emmanchée[113] forgée par le marteau,
l'épée tachée de sang versé, vaillante du tranchant,
fend sur le heaume [ennemi] le verrat sauvage[114].
Lors fut tirée dans la grand'salle au milieu des sièges
l'épée à dur tranchant, maint écu large [fut]

levé ferme en main ; aucun ne se souvint du heaume,
de la large cotte de mailles, lorsque le terrible danger
le saisit.
Elle avait hâte, elle voulait sortir de là
pour se sauver vivante, lorsqu'elle fut découverte ;
rapidement elle avait agrippé ferme l'un
des nobles ; lors elle alla au marécage.
C'était pour Hrothgar le plus aimé des héros,
en tant que camarade, entre les mers,
un puissant guerrier à écu, quelle détruisit sur [sa] couche,
militaire de ferme renom. Beowulf n'était pas là,
mais auparavant un autre logement fut assigné
au fameux Géate après le don des objets précieux.
Il se fit une clameur dans Héorot ; couverte de sang frais[115],
elle prit la paume connue ; le souci fut renouvelé,
[et] surgit dans les habitations [le château]. Ce ne fut pas
un bon échange que des deux côtés ils durent payer
par l'existence de [leurs] amis. Lors le prudent roi,
le gris guerrier des batailles, [fut] d'humeur farouche,
après qu'il sut son premier vassal sans vie,
le plus cher [de tous] mort.
Rapidement Beowulf fut mandé à la chambre [royale],
l'homme bienheureux en victoires ; ensemble avec l'aube[116]

il s'avança parmi [ses] comtes, le noble champion
lui-même avec ses camarades, là où le [roi]
circonspect attendait
[pour voir] si jamais le Gouverneur Universel
voudrait,
après les nouvelles de malheurs, effectuer un
changement.
Lors il marcha sur le parquet, le héros au mérite
militaire,
avec sa poignée [de comtes], (la boiserie de la
grand'salle [en] retentit),
pour qu'il saluât de [ses] paroles le maître
avisé des Ingwins, [et lui] demandât si pour lui,
d'après cette convocation pressante[117], la nuit [avait
été] paisible.

XX.

Hrothgar parla[118], le protecteur des Scyldings :
« Ne demande pas concernant [de la] joie ; le chagrin
est renouvelé
pour la nation des Danois. Aeschere est mort,
le frère ainé d'Yrmenlaf,
mon conseiller sagace et mon donneur d'avis,
[mon] bras droit[119], quand dans le tumulte guerrier
nous protégions [nos] têtes, quand [les] fantassins se

rencontraient,
que les [images de] sangliers se heurtaient. Tel devrait être un comte,
[noble] excellent, tel que fut Aeschere.
À Héorot l'étranger meurtrier errant devint
son assassin ; moi, je ne sais où
[l'être] terrible, fier de [la carcasse, a effectué sa retraite,
mis en évidence par son repas. [L'ogresse] a vengé la querelle –
parce que dans la nuit d'hier tu as tué Grendel
de façon violente par de dures étreintes,
attendu que trop longtemps il diminua ma
nation et [la] détruisit. Il a succombé en guerre,
ayant payé de ses jours, et ores une autre est venue,
mécréante puissante, [et] a voulu venger son fils
et a poussé plus loin la querelle,
ce qui peut sembler à maint vassal,
qui avec [son] donateur de trésor gémit en [son] esprit,
un dur tourment d'âme[120] ; ores la main gît [morte]
qui secondait presque tous vos désirs.
J'ai entendu dire ceci à des habitants du pays,
conseillers de salle, mes sujets[121],
qu'ils ont vu deux tels grands
hanteurs de marches tenir les marais,
[des] esprits étrangers ; l'un de ceux-ci était,
comme ils pouvaient le plus certainement [le] savoir,

une apparence de femme ; l'autre misérable
foulait sous forme humaine les sentiers d'exil,
sauf qu'il était plus grand qu'aucun autre homme,
lui qu'aux jours d'antan les campagnards
nommaient Grendel ; ils ne [lui] connaissaient pas de père,
s'il y en avait un engendré autrefois pour eux
parmi les esprits cachés. Ils habitent un pays
mystérieux, des pentes à loups, des promontoires battus par le vent
un hasardeux sentier de marécage, où le torrent de montagne
dévale sous les brumes des falaises [de promontoires],
[où] le flot [descend] sous terre. Ce n'est pas loin d'ici,
en mesures milliaires, que s'étend le lac
au-dessus duquel sont suspendus des bosquets glacés ;
un bois fixé par [ses] racines surplombe l'eau.
Là chaque nuit l'on peut voir une effrayante merveille[122],
du feu sur le flot. Il ne vit personne d'assez intelligent entre
les enfants des hommes qui connaisse ce fond[123].
Quoique le [cerf] hantant la bruyère, harassé par les chiens,
le cerf vigoureux par ses cornes, cherche le bois

forestier,
mis de loin en fuite, il cédera plutôt [son] existence,
il [finira] ses jours sur le bord plutôt que de vouloir
y [cacher sa] tête. Ce n'est pas un endroit délicieux ;
de là le remous des vagues monte
sombre vers les nuages, quand le vent agite
l'odieuse tempête, jusqu'à ce que l'air s'obscurcisse,
que les cieux pleurent. Ores le conseil secourable dépend
de nouveau de toi seul. Tu ne connais pas encore la résidence,
l'endroit hasardeux, où tu puisses trouver
l'être aux nombreux péchés ; cherche [la], si tu l'oses.
Je te compenserai en argent la querelle,
en biens anciens, comme je le fis auparavant,
en or enroulé, si tu [en] reviens. »

XXI.

Beowulf parla, l'enfant d'Ecgtheow :
« Ne sois pas en souci, homme circonspect : il est mieux pour chacun
qu'il venge son ami, que de s'inquiéter beaucoup.
Chacun de nous doit attendre la fin
de la vie de [ce] monde ; que celui qui [le] peut remporte

de l'honneur avant [sa] mort ; c'est là pour l'homme-
lige
privé de vie le meilleur à la fin.
Lève-toi, gardien du royaume ; sortons rapidement
pour observer la route suivie par la parente de
Grendel.
Je te le promets : elle n'échappera pas sous couvert
protecteur
ni au sein de la campagne, ni au bois de la montagne,
ni au fond de l'océan, qu'elle aille où elle voudra.
Ce jour-ci, toi, aie patience pour
chacun de [tes] maux, comme je [l'] attends de
toi[124] ».
Lors le vieillard se leva vivement, il remercia Dieu,
le puissant Seigneur, de ce que cet homme déclarait.
Lors pour Hrothgar un cheval fut bridé,
monture à la crinière onduleuse ; le prince avisé
s'avança resplendissant ; la troupe des fantassins
porteurs d'écus en tilleul se mit en marche. Les traces
étaient visibles au loin le long des sentiers de la forêt,
la route suivie sur le sol ; elle était allée droit[125]
sur le ténébreux marais, [elle] emportait inanimé
le plus excellent des vassaux apparentés [au roi],
de ceux qui avec Hrothgar veillaient sur le logis.
Lors l'enfant des nobles passa sur
des pentes pierreuses escarpées, des sentes étroites,
des sentiers solitaires resserrés, voie inconnue,
promontoires à pic, maisons nombreuses de monstres

de mer.
Lui, avec un petit nombre d'hommes avisés,
allait devant pour observer la plaine
jusqu'à ce que soudain il trouva
des arbres de montagne[126] penchés au-dessus de la pierre grise,
bois morne[127] : au-dessous l'eau stagnait
ensanglantée et troublée. Ce fut pénible d'humeur
pour tous les Danois, les amis des Scyldings,
pour maint vassal, de souffrir
détresse, [et] pour chacun des comtes, alors qu'ils rencontrèrent la tête d'Aeschere sur cette falaise marine.
Le flot bouillonnait de sang (le peuple le regardait),
de sang frais et chaud. De temps en temps le cor sonnait
un prompt chant militaire. Tous les fantassins s'assirent ;
lors ils virent sur l'eau maints [êtres] d'espèce reptilienne,
étranges dragons marins, explorer le bras de mer,
qui à l'heure matinale font souvent
quelque triste expédition aventureuse sur la route des voiles[128],
des reptiles et des bêtes sauvages ; ils s'enfuirent
dépités et furieux, ils avaient perçu le son éclatant,
[entendu] retentir le cor des combats. Le chef des Géates

de son arc à flèches priva l'un d'eux de vie[129],
de [sa] lutte contre les vagues, en sorte que le dur trait d'armée
se fixa dans des parties vitales ; il [en] fut sur la crête d'eau
d'autant plus lent à la nage que le trépas le prit.
Rapidement sur les vagues avec des épieux à sanglier aux crochets formidables il se trouva durement pressé,
assailli de vive force et traîné sur le promontoire,
le merveilleux glisseur sur les lames ; les hommes observaient
le terrible esprit. Beowulf s'équipa
d'une armure de comte, il n'était nullement inquiet pour ses jours ;
[sa] cotte de mailles d'armée tissée de main [d'homme],
large et habilement colorée, devait explorer le bras de mer,
celle qui savait protéger la chambre d'os [le corps],
afin que l'étreinte de bataille ne pût nuire à sa poitrine,
l'emprise hostile de la furie à ses jours ;
de plus le heaume blanc défendait [sa] tête,
qui devait pénétrer les fonds marins,
chercher le tumulte du bras de mer, orné d'un trésor [de joyaux]
encerclé de chaînes princières, comme aux jours de jadis

[le] travailla le forgeron d'armes, [qui] le façonna merveilleusement,
l'entoura d'images de verrats, afin qu'après cela aucune
épée flamboyante ni estoc batailleur ne pût [le] mordre[130].
Ce ne fut pas alors la plus insignifiante des puissantes aides
que lui prêta dans le besoin le porte-paroles de Hrothgar ;
cet estoc à poignée avait nom Hrunting ;
c'était un des principaux biens anciens ;
le tranchant était en fer, imprégné par des brauchettes vénéneuses,
durci par le sang versé dans la mêlée ; jamais il n'a faibli
à la bataille pour aucun des hommes qui le saisit avec sa droite,
qui osa s'avancer en des aventures terribles[131],
sur le terrain du peuple ennemi ; ce ne fut pas la première fois
qu'il dut faire œuvre de courage.
Certes le rejeton d'Ecglaf ne se rappela pas,
plein de forte endurance, ce qu'il avait autrefois exprimé,
étant ivre de vin, lorsqu'il prêta cette arme
à un preux[132] plus brave [que lui] ; lui-même n'osa pas

dans l'altercation des vagues risquer ses jours,
faire acte d'héroïsme ; là il perdit [son] honneur,
[son] renom de courage. Il n'en fut pas ainsi pour l'autre,
après qu'il se fut équipé pour le combat.

XXII.

Beowulf parla, l'enfant d'Ecgtheow :
« Ores songe, fameux rejeton de Healfdene
prince circonspect, ores que je suis prêt pour l'aventure,
ami d'or des hommes, à ce dont jadis tous deux nous avons
causé : si pour ton besoin je devais
finir mes jours, que tu serais toujours
en place de père pour moi disparu.
Sois, toi, le protecteur[133] pour mes parents vassaux,
mes compagnons intimes[134], si la bataille me prend ;
envoie aussi les objets précieux que tu m'as
octroyés, bien-aimé Hrothgar, à Hygelac.
Le seigneur des Géates à cet or pourra alors s'apercevoir,
le fils de Hrethel [pourra] voir, quand il contemplera ce trésor,

que j'ai trouvé un dispensateur de bagues excellent en vertus viriles, que j'ai usé [de bonne fortune], quand je [l']ai pu.
Et laisse Unferth avoir l'ancien legs,
l'épée curieuse à lignes ondulées, [laisse] l'homme connu au loin
[avoir l'épée] au dur tranchant ; avec Hrunting je me procurerai honneur, ou la mort me prendra. »
Après ces paroles le chef des Weder-Géates[135] courageusement se hâta, il ne voulut nullement attendre une réponse ; le remous du courant reçut
le guerrier de bataille. Lors il y eut un certain temps de jour
avant qu'il put apercevoir le fond plat[136].
Bientôt elle trouva cela, celle qui férocement avide
tint pendant cent semestres l'étendue des flots,
cruelle et insatiable, qu'il y avait là un homme
explorant d'en haut la résidence des monstres étranges.
Lors elle étendit sa griffe vers [lui], saisit le guerrier combattant
avec d'horribles étreintes ; elle n'en blessa pas plus tôt
[son] corps intact ; la cotte [de mailles] au dehors le garantissait à l'entour.
en sorte qu'elle ne put percer ce justaucorps militaire, chemise à mailles des membres, de ses doigts odieux.
Lors la louve du courant, lorsqu'elle vint au fond

porta le prince aux anneaux à sa demeure,
en sorte qu'il ne put pas (quoiqu'il fût plein de bravoure)
manier [ses] armes ; mais tant d'êtres prodigieux le harcelèrent à la nage, mainte bête marine
de [ses] défenses de bataille pressa [sa] chemise [de mailles d'armée,
des bêtes monstrueuses [le] poursuivirent. Lors le comte s'aperçut
qu'il était il ne savait [en] quelle salle hostile[137],
où nulle eau ne lui nuisait aucunement,
ni en raison de la salle voûtée ne pouvait le toucher l'atteinte soudaine du flot. Il vit une lumière de feu, une lueur vive briller avec éclat.
Lors l'excellent [guerrier] aperçut la louve de fond meurtrière,
la puissante femme de l'onde ; il donna un formidable assaut
de [son] glaive de bataille, [sa] main ne retint pas l'élan,
en sorte que sur la tête [du monstre] la lame ornée d'anneaux
fit retentir l'avide chant du combat. Lors l'hôte trouva que l'épée luisante de guerre ne voulait par mordre, attenter aux jours, mais le tranchant faiblit
pour le chef souverain en [son] besoin ; elle avait auparavant éprouvé
beaucoup de corps à corps, souvent fendu en deux un heaume,

une armure d'armée d'[homme] voué à la mort ; ce fût lors la
première fois pour le cher objet précieux, que son honneur défaillit.
Il fut de nouveau résolu, nullement lent en courage,
se souvenant d'actions d'éclat, le parent d'Hygelac.
Lors il jeta l'arme damasquinée couverte de bijoux,
le soldat irrité, en sorte qu'elle gisait à terre,
raide avec son tranchant d'acier ; il se fiait à sa force,
à l'étreinte de sa droite puissante. Ainsi doit faire un homme,
quand il pense mériter au combat
louange durable, il n'a pas souci de sa vie.
Lors le chef des Géates du combat (il n'avait nullement cure de la querelle),
prit par l'épaule la mère de Grendel,
lors le [chef] hardi au duel, alors qu'il était furieux, jeta
l'ennemie mortelle de sorte qu'elle s'affaissa sur le parvis.
Rapidement elle lui donna récompense de main
par de cruelles étreintes et l'agrippa ;
lors, lassée d'humeur, elle renversa le plus vigoureux des guerriers,
des fantassins[138], en sorte qu'il se trouva tomber.
Lors elle s'assit sur cet hôte de [sa] salle et tira un poignard
large, à tranchants bruns, elle voulut venger son enfant,

[son] unique descendant. Sur l'épaule du [chef] reposait
le filet de poitrine[139] tissé ; cela protégea [son] existence,
ferma l'entrée à la pointe et au tranchant.
Lors eût péri[140] le fils d'Ecgtheow
sous le spacieux fond [de mer], le champion des Géates,
à moins que la cotte de mailles pour la mêlée, [le] dur filet d'armée,
lui eût fourni secours, et [que] le Dieu saint
lui eût procuré victoire à la guerre, le sage Seigneur[141] ;
le Dominateur des cieux [le] décida à [bon] droit
aisément, après que [Beowulf] se fut relevé.

XXIII.

Lors il vit dans la panoplie un glaive riche en victoires,
vieille épée de géants, vaillante du tranchant,
honneur des guerriers ; c'était l'élite des armes,
mais elle était plus [grande] qu'aucun autre homme
pourrait [en] porter au jeu du duel,
excellente et splendide, œuvre d'êtres gigantesques.
Lors il saisit la poignée à ceinturon[142], le preux

[chef] des Scyldings
brandit la lame ornée d'anneaux ; farouche et cruel au combat[143],
désespérant de ses jours, il frappa furieusement
en sorte que la dure [épée] s'attacha au cou [du monstre],
[lui] brisa les anneaux osseux[144] ; le glaive traversa toute
[sa] couverture de chair vouée [à la mort] ; elle s'écroula sur le parvis.
L'épée dégouttait de sang ; l'homme se réjouit de [son] œuvre.
La lueur rayonna, la lumière se répandit à l'intérieur,
tout juste comme la lampe céleste éclate du ciel
avec clarté. Lui regarda autour de la pièce,
[et] lors se tourna près du mur ; le vassal d'Hygelac,
hardi souleva l'arme par la poignée,
furieux et résolu. Le tranchant n'était pas sans valeur
pour le guerrier batailleur, mais il voulait rapidement
revaloir à Grendel les nombreux assauts de combat
qu'il avait faits contre les Danois de l'Ouest
bien plus souvent qu'une seule fois,
quand il frappa à mort les camarades de foyer d'Hygelac
dans [leur] assoupissement, qu'il dévora
quinze hommes endormis du peuple des Danois,
et qu'il [en] emporta autant d'autres,
horrible butin. Il lui donna cette récompense,

féroce champion, à ce point qu'il vit sur [sa] couche
Grendel gisant lassé par le combat,
privé de ses jours, comme auparavant lui avait nui
la bataille à Héorot. Le cadavre s'ouvrit béant
quand il souffrit le coup après la mort,
le dur élan de flamberge ; et lors il lui coupa la tête.
Bientôt ils virent cela, les gens circonspects,
qui avec Hrothgar regardaient la crête aqueuse,
que le remous des vagues était tout trouble,
le courant taché de sang. Des vieux
à cheveux gris devisaient ensemble de l'excellent [chef],
(disant) qu'ils ne s'attendaient plus de la part de ce noble
qu'exultant en [sa] victoire il vînt trouver
le fameux souverain, vu qu'à maints [hommes] il paraissait
que la louve du courant l'avait détruit.
Lors vint la neuvième heure du jour ; les Scyldings
actifs abandonnèrent le promontoire ; il s'en alla de là au logis,
l'ami d'or des hommes. Les hôtes étrangers étaient assis ;
malades d'humeur, et fixaient les yeux sur l'onde,
ils souhaitaient[145] et ne s'attendaient pas à voir leur seigneur ami lui-même.

      Lors cette épée commença,
par suite du sang coulant dans la mêlée, [ce] glaive de guerre,

à disparaître en glaçons de bataille ; ce fut une des merveilles qu'il se fondit tout [entier] très semblable à
de la glace quand le Père relâche le lien de la gelée,
qu'il déroule les cordes du gouffre[146], Lui qui a domination
des temps[147] et des moments ; c'est la véritable Divinité.
Il ne prit pas dans ces habitations, le cacique des Weder-Géates,
plus de biens précieux, quoiqu'il en vit là plusieurs, sauf cette tête et la poignée ensemble
brillante de trésor ; auparavant l'épée s'était fondue,
la lame décorée s'était consumée ; le sang était à ce point chaud,
l'esprit étranger [si] venimeux, qui trépassa là-dedans,
Bientôt il fut à la nage, celui qui auparavant endura dans le conflit
l'assaut de guerre des êtres hostiles, plongeant à travers l'eau il remonta,
tous les remous des vagues étaient purifiés,
les espaces étendus, lorsque l'esprit étranger
quitta [ses] jours de vie et cette destinée passagère.
Lors vint à terre le protecteur des marins
nageant d'humeur vaillante, il se réjouit de [ses] dépouilles de mer,
du puissant fardeau de qu'il avait avec lui.

Lors ils allèrent vers lui, ils remercièrent Dieu,
eux, la suite de vassaux de choix, ils se réjouirent de [leur] souverain,
de ce qu'ils pouvaient le voir sain et sauf.
Lors on détacha prestement du valeureux le heaume
et la cotte de mailles. L'étendue liquide s'apaisa,
l'eau sous les nuages, souillée du sang versé du carnage.
De là ils se mirent en route s'avançant sur les sentiers des piétons.
contents au cœur, ils passèrent par le chemin de la campagne,
[par] les routes connues, ces hommes royalement hardis.
De cette falaise marine ils portèrent la tête,
péniblement pour chacun d'eux,
[les] très braves ; quatre [d'entre eux] durent
sur la pique de carnage transporter avec labeur
dans la salle d'or le chef de Grendel,
jusqu'à ce que soudain survinrent dans la
salle, prompts [et] belliqueux, les quatorze
Géates ; avec [eux] le seigneur des hommes,
fier dans [sa] troupe, foula les prés d'hydromel [du palais].
Lors le prince des vassaux entra,
l'homme vaillant en actes honoré de gloire,
le héros brave à la bataille, pour saluer Hrothgar.
Lors fut portée par la chevelure sur le parvis
le chef de Grendel, là où les hommes buvaient,

[la tête] terrible devant les comtes et la reine avec [eux] ;
les gens aperçurent un étonnant spectacle.

XXIV.

Beowulf parla, l'enfant d'Ecgtheow :
« Voici ! nous t'avons apporté ces dépouilles de mer avec plaisir, fils d'Healfdene, cacique des Scyldings, en signe de gloire, [ces dépouilles] que tu regardes ici.
J'ai malaisément échappé à cela avec mes jours,
dans la guerre sous l'eau j'ai osé [cette] œuvre
avec peine ; le combat fut presque
arrêté[148], si Dieu ne m'eût couvert d'un bouclier.
Je ne pus pas à la bataille accomplir quelque chose
avec Hrunting, bien que cette arme soit bonne ;
mais le Gouverneur des mortels m'accorda
de voir suspendue sur la paroi une belle
vieille épée énorme (très souvent Il a guidé
ceux dépourvus d'amis) de sorte que je tirai cette arme.
Lors je frappai dans cette attaque, lorsque l'occasion s'offrit
à moi, les gardiens de la maison. Lors ce glaive de bataille
se consuma, la lame décorée[149], comme le sang

jaillit,
le plus chaud des sangs versés dans la mêlée. De là j'emportai
aux ennemis cette poignée, je vengeai les actes criminels,
le massacre mortel des Danois, comme il était convenable.
Je te le promets donc, qu'à Héorot tu pourras
t'assoupir sans chagrin avec la compagnie de tes hommes,
et chacun des vassaux de tes peuples [le pourra],
vétérans et jeunes ; que tu n'auras pas besoin de redouter
pour eux, souverain des Scyldings, de ce côté
un mal mortel pour les comtes, comme tu [le] faisais auparavant. »
Lors la poignée d'or fut donnée en main
au vieux guerrier, au chef de bataille grisonnant,
l'ancien travail des géants ; elle passa en possession
du maître des Danois, après la chute des démons,
le merveilleux travail des forgerons ; et lorsque quitta ce monde
l'être au cœur farouche, l'adversaire de Dieu,
coupable de meurtre, et sa mère aussi,
elle passa au pouvoir du meilleur
des rois du monde entre les mers,
qui distribuât en Scandie des dons en argent.
Hrothgar parla, il contempla la poignée,
la vieille relique, sur laquelle était écrite l'origine

de l'antique lutte, après que le flot, l'océan
s'élançant, frappa de mort la race gigantesque.
Ils se comportèrent témérairement ; c'était une populace
étrangère à l'Éternel Seigneur ; à eux le Gouverneur donna
par le tourbillon de l'eau ce jugement final.
De même sur la garde[150] [de l'épée] d'or brillant il fut
gravé exactement en vers runiques,
inscrit et dit, pour qui cette épée,
l'élite des fers, fut tout d'abord ouvrée,
la poignée enroulée et ornée de serpents. Lors le sage
fils d'Healfdene s'exprima [ainsi], tous se turent :
« Cela, certes !, il peut le dire, celui qui soutient la vérité
et le droit dans le peuple, [qui] de bien loin se souvient de tout,
vieux gardien du pays natal, que ce comte-ci est
né meilleur [de race][151]. Ton renom est élevé
le long des grands chemins, mon ami Beowulf,
ton [renom] par-delà tous les peuples[152]. Tout cela, tu le gardes
patiemment, [ton] pouvoir avec prudente humeur[153]. Moi je devrai
accomplir pour toi mon pacte[154], comme tous deux, nous [en] parlâmes d'abord ; toi,
tu devras devenir perpétuellement à réconfort à ton

peuple,
à secours aux héros. Hereinod ne devint pas ainsi
pour les descendants d'Egwela, les Glorieux Scyldings.
Il ne grandit pas pour leur désir[155], mais pour la chute du carnage
et pour le massacre mortel du peuple des Danois.
D'humeur irritée, il brisa [ses] commensaux,
[ses] amis intimes[156], jusqu'à ce qu'il erra seul,
le fameux souverain, à l'écart des félicités humaines.
Bien que le puissant Dieu l'exalta par la joie
de la puissance, par le pouvoir, par-delà tous les hommes,
[et] le fit avancer, cependant il lui poussa au cœur
un esprit[157] sanguinaire ; il ne donna nulles bagues
aux Danois suivant la coutume[158] ; il resta sans félicité
en sorte qu'il souffrit la peine de cette lutte[159],
de longs maux avec [son] peuple. Toi, instruis-toi par là,
saisis la vertu de choix virile ; à ton sujet moi, je t'ai rappelé
cette histoire, rendu sage par les hivers. C'est une merveille de dire
comment à la race des hommes le Dieu puissant
par [Son] vaste esprit distribue la prudence,
l'espace où résider et la prouesse du comte. Il possède domination

sur toutes choses. Parfois Il laisse [sa] pensée[160] se tourner
vers l'amour d'un homme de race fameuse.
Il lui accorde la joie de la terre dans [son] pays natal,
pour conserver le bourg protecteur des humains,
Il lui rend sujettes des portions du monde,
de larges royaumes en sorte qu'il ne peut lui-même
dans son imprudence en concevoir la fin.
Il demeure dans l'affluence, nullement ne l'arrêtent
la maladie ni la vieillesse, ni souci hostile
ne lui assombrit l'esprit, ni conflit quelque part
n'apparaît, ni haine meurtrière, mais pour lui tout le monde
tourne à [son] désir.

XXV.

Il ne connaît pas de pire [état]
jusqu'à ce que pour lui grandisse et s'accroisse au-dedans
une part d'outrecuidance, quand dort le gardien,
le berger de l'âme. Ce sommeil est trop ferme,
lié par les afflictions, le meurtrier est très près
qui tire méchamment de l'arc à flèches.
Alors il est frappé au cœur, sous le heaume,
du trait mordant ; il ne sait se garantir

des merveilleux ordres retors de l'esprit maudit ;
ce qu'il a longtemps conservé lui semble trop petit.
L'esprit courroucé, il convoite ; il n'accorde avec vanterie[161]
nulles bagues plaquées [d'or] et il oublie et dédaigne
le monde à venir, cette part de dignité que jadis
Dieu lui remit, le Gouverneur de gloire.
Ensuite il advient à l'article de la fin
que l'enveloppe éphémère du corps décline,
tombe vouée [à la mort] ; un autre [lui] succède,
qui répartit sans chagrin des objets précieux,
d'anciens biens de comte ; il n'incline pas vers la crainte.
Garantis-toi contre cette haine mauvaise, cher Beowulf,
homme excellent, et pour toi choisis cette [conduite] meilleure,
gains permanents ; n'incline pas vers l'outrecuidance, fameux champion. Maintenant le renom de ta puissance
durera pour un temps ; ensuite ce sera bientôt
que la maladie ou le tranchant [de l'épée] te sèvrera de
[ton] pouvoir, ou l'étreinte du feu, ou le tourbillon du flot,
ou l'attaque d'estoc, ou le vol du javelot,
ou l'affreuse vieillesse, ou le regard éclatant des yeux[162]

gâtera et assombrira [toutes choses][163] ; soudain
il adviendra que la mort te subjuguera, noble guerrier.
Ainsi moi, j'ai gouverné pendant cent semestres
les Danois aux Anneaux[164] sous les nuages et [les] ai préservés
à la guerre contre maintes tribus dans cet enclos du milieu[165]
avec des [javelots en] frêne et des tranchants d'épée, en sorte que
sous l'étendue du firmament je ne comptais nul adversaire.
Voici! il survint pour moi un changement en ceci dans mon pays natal,
une peine après le ravissement, depuis que Grendel,
le vieux lutteur, devint mon envahisseur.
De cette persécution je portai continuellement
grand souci d'humeur. De ceci grâce soit à la Divinité,
au Seigneur éternel, de ce que vivant j'ai éprouvé
que cette tête ensanglantée par la flamberge
après la vieille lutte, je la contemple de mes yeux.
Va maintenant à [ton] siège, jouis de la joie du festin,
honoré pour [ta] valeur ; un grand nombre d'objets précieux
devront nous [être] communs[166], quand sera le matin. »
Le Géate fut gracieux d'humeur, bientôt il alla
rejoindre [son] siège, comme le [chef] l'ordonnait.

Lors on prépara encore de façon séante comme auparavant
[un banquet] pour les vaillants preux assis au parvis,
une nouvelle fois. Le heaume de la nuit s'assombrit
ténébreux sur les hommes liges. Toute l'élite se leva ;
le Scylding ancien aux cheveux gris voulut
rejoindre [son] lit. Il plut infiniment bien
au Géate, de se reposer, au guerrier vaillant [armé] de l'écu.
Bientôt le vassal de la grand'ville le mena dehors,
fatigué de [son] aventure, venu de loin,
lui qui par courtoisie pourvoyait à tout
besoin du vassal [d'Hygelac], comme en ce temps-là[167]
devaient [en] avoir des voyageurs sur l'onde.
Le [héros] au large cœur se reposa ; le bâtiment se dressait
spacieux et éclatant d'or ; au dedans l'hôte était assoupi
jusqu'à ce que le noir corbeau réjoui de cœur
annonça la joie du ciel ; lors vint le brillant soleil
en hâte sur les plaines. Les ravageurs se pressèrent,
les nobles étaient désireux de retourner vers
[leur] nation ; le nouveau venu à l'esprit altier[168]
voulait de là rejoindre au loin l'embarcation.
Lors le hardi ordonna au fils d'Ecglaf[169]
de porter Hrunting, [lui] ordonna de prendre son épée,

le fer précieux ; il lui dit merci de ce prêt,
il déclara qu'il comptait pour bon cet ami de combat,
pour puissant à la guerre ; nullement de [ses] paroles il ne
blâma le tranchant d'estoc. C'était un homme courageux.
Et lorsque les guerroyeurs disposés au voyage
furent prêts sous l'armure, le noble chéri des Danois
s'avança vers le haut siège, où l'autre se trouvait,
le héros brave à la bataille salua Hrothgar.

XXVI.

Beowulf parla, l'enfant d'Ecgtheow :
« Maintenant nous, voyageurs sur mer, venus de loin,
nous voulons dire que nous nous proposons hâtivement
d'aller trouver Hygelac ; nous avons été ici parfaitement
entretenus suivant [nos] désirs ; tu nous as bien traités
Si donc je puis en quoi que ce soit sur terre
mériter plus de ton affection de cœur[170],
seigneur des hommes, que je ne [l']ai fait encore,
je serai bientôt prêt aux œuvres de combat[171].
Si j'apprends ceci par delà l'étendue des flots,
que ceux habitant à l'entour t'oppressent de terreur,

comme le firent jadis de tes ennemis[172],
moi, je t'amènerai mille vassaux
[et] héros à [ton] secours. Moi, je sais d'Hygelac,
seigneur des Géates, bien qu'il soit jeune,
le berger de [son] peuple, qu'il voudra me soutenir
par [ses] paroles et [ses] actes, pour que je t'honore bien
et qu'à ton aide je porte [mon] bois de javelot,
l'appui de [ma] puissance, quand tu auras besoin d'hommes.
Alors si Hrethric, l'enfant du souverain[173], prend du service
à la cour des Géates, il pourra y trouver
beaucoup d'amis ; les pays lointains sont
mieux visités par celui qui lui-même est vaillant. »
Hrothgar parla et lui répondit :
« Le sage Seigneur t'a mis dans l'esprit
ces discours prononcés ; je n'ai pas entendu d'homme,
à un âge aussi jeune, s'exprimer plus circonspectement.
Tu es fort en puissance et prudent d'humeur,
avisé discoureur. Je compte qu'il faudra s'attendre,
s'il advient que le javelot, la bataille terrible
par les flamberges, la maladie ou le fer prenne
le descendant de Hrethel[174], ton prince,
berger du peuple, et que tu vives,
que les Géates de la Mer n'auront pas de meilleur

que toi à choisir comme roi, comme
gardien du trésor des héros, si tu veux tenir
le royaume de [tes] parents. Ton esprit me
plaît [encore] mieux avec le temps, cher Beowulf.
Tu as accompli [ceci], c'est que pour les [deux] peuples,
pour la nation des Géates et les Danois à Javelots,
la paix de famille devra [être] commune et le conflit
cesser[175], les assauts hostiles qu'ils subirent autrefois ;
que [leurs] objets précieux, tant que je gouvernerai ce large
royaume, devront être communs, et maint homme saluer
tel autre de [dons] excellents par-delà le bain du fou[176] ;
le navire couronné d'anneaux devra porter par-delà l'onde
butin et témoignage d'affection. Je sais ces gens
affermis tant vis-à-vis de l'ennemi que de l'ami,
tout à fait sans reproche à l'antique façon. »
Lors le refuge des comtes, le rejeton de Healfdene, lui
remit encore à l'intérieur [du palais] douze objets précieux,
avec ce butin il lui recommanda d'aller trouver
en santé [sa] douce nation [et] de revenir vite.
Lors le roi d'excellente noblesse embrassa
le chef souverain des Scyldings, le meilleur des

vassaux,
lui jetant les bras autour du cou ; il versa des larmes,
le [prince] aux cheveux gris. Pour lui vieux, très âgé,
il pouvait s'attendre à deux choses, et plutôt à celle-ci,
[à savoir] qu'ils pourraient [ne plus se] revoir ensuite,
[ces héros] courageux au conseil. Cet homme lui était cher
au point qu'il ne pouvait retenir le tourbillon de [sa] poitrine,
mais qu'en son cœur, fixée dans les liens de [son] esprit,
une secrète aspiration après l'homme cher
fit refluer [son] sang.
    Alors Beowulf,
guerrier combattant fier de l'or, foula la plaine herbeuse
joyeux de [son] trésor ; le [navire] marchant sur la mer
qui se trouvait à l'ancre, attendait le propriétaire et maître.
Lors pendant la traversée le don de Hrothgar
fut souvent apprécié. C'était un roi
tout à fait irréprochable jusqu'à ce que la vieillesse lui
enleva les joies de la puissance, lui qui souvent battit maints
[héros].

XXVII.

Lors vinrent au flot [ce] grand nombre de courageux jeunes preux[177] ; ils portaient un filet aux anneaux [de fer],
une cotte d'armes entrelacée pour [leurs] membres. Le gardien de la terre
nota le voyage de retour des comtes, comme il le fit jadis ;
du promontoire de la dune il n'accueillit pas
avec insulte les hôtes, mais il chevaucha vers eux,
il dit au cacique des Weders que les guerriers destructeurs
à cotte de mailles brillante se rendaient bienvenus au vaisseau.
Lors sur le sable le navire spacieux pour la mer
fut chargé de vêtements militaires, le [vaisseau] à proue
ornée d'anneaux, de chevaux et d'objets précieux ; le mât
se dressait au-dessus des biens accumulés de Hrothgar.
Au gardien du bateau il remit une épée
reliée d'or, de sorte que celui-ci depuis lors fut
d'autant plus honoré pour [cet] objet précieux sur

le banc d'hydromel, pour [ce] legs[178]. Il s'en alla sur le navire[179]
troubler l'eau profonde, il abandonna la terre des Danois.
Là près du mât il y avait une des enveloppes navales, une voile fixée par un cordage ; le bois marin bourdonna.
Le vent sur les vagues n'écarta pas là de [sa] course
le [navire] flottant sur les lames ; le marcheur sur mer fila,
il flotta au loin, le cou écumeux, sur les vagues,
sur les courants aquatiques, le [vaisseau] à la proue liée,
en sorte qu'ils purent apercevoir les falaises des Géates,
les caps connus ; la quille bondit en haut
chassée par l'air [agité], elle s'arrêta en terre.
Rapidement le gardien du port fut prêt au [bord de] l'eau,
lui qui jadis pendant un long espace de temps avait regardé
au loin sur le bord [de la mer] désirant les chers hommes.
Il attacha à la grève le vaisseau au large sein
fixé par les liens de l'ancre pour que d'autant moins la forte
poussée des vagues pût chasser le joyeux bois [marin].

Lors il recommanda de porter en haut le bien des nobles,
les joyaux et l'or plaqué ; de là pour lui[180] il n'y avait pas loin
pour aller trouver le dispensateur des trésors ;
Hygelac fils de Hrethel demeure là au logis,
lui-même avec [ses] compagnons, près du rempart marin.
L'édifice était splendide, le seigneur un vaillant roi,
les grandes salles élevées[181], Hygd très jeune,
sage, fort vertueuse, quoi qu'elle fût restée
peu d'hivers sous la protection du bourg[182],
la fille d'Haereth ; elle n'était pas mesquine pourtant,
ni trop avare de dons pour la nation des Géates,
de biens précieux.

    Thrytho était farouche d'humeur[183],
reine hautaine du peuple, d'une violence affreuse ;
aucun brave de ses doux compagnons n'osait,
sauf son [seigneur et] maître, s'aventurer à
la regarder de [ses] yeux ostensiblement[184],
mais [alors] il [devait] compter sur des liens mortels
préparés pour lui, ourdis par la main ; rapidement ensuite
après l'arrestation[185] l'estoc était engagé
afin qu'une lame damasquinée pût décider[186],
faire connaître le châtiment meurtrier. Pour une femme royale
pareil usage n'est pas à pratiquer, quoiqu'elle soit

unique, qu'une [femme] tisseuse de paix attaque
dans [son] existence un homme cher après une fureur
de mensonge.
Cependant le parent d'Hemming[187] coupa court à
cela.
Les buveurs de cervoise disaient autre chose, [à savoir]
qu'elle accomplit moins de maux contre la nation,
d'assauts hostiles, quand une fois elle fut
donnée, ornée d'or, au jeune champion,
au cher noble, quand, suivant le conseil de [son] père,
sur le sombre flot elle eut été en voyage trouver
le parvis d'Offa ; là ensuite elle usa bien,
renommée pour [sa] bonté, sur le siège souverain[188],
tant qu'elle vécut, de sa condition de vie,
elle garda une haute affection envers le seigneur des héros,
le plus excellent, entre les mers, de tout le genre humain,
à ce que j'ai appris, du vaste genre [humain].
Aussi Offa fut-il célèbre au loin, homme audacieux
au javelot, pour les dons et
les combats ; avec sagesse il dirigea[189]
son pays natal. De là Eomer s'éveilla[190]
pour secourir les héros, le parent d'Hemming,
petit-fils de Garmund, fort pour les assauts.

XXVIII.

Lors le hardi s'en alla avec sa poignée [d'hommes]
fouler lui-même le long du sable la plaine maritime,
les larges grèves ; la chandelle du monde brillait,
le soleil se hâtant du sud ; ils firent voyage[191],
ils allèrent prestement là où ils apprirent
que le protecteur des comtes, le destructeur d'Ongentheow,
l'excellent jeune roi combattant, à l'intérieur des bourgs distribuait des anneaux. Le voyage de Beowulf[192]
fut vite annoncé à Hygelac, [à savoir]
que le protecteur des guerriers, [son] camarade [d'écu] de tilleul,
était venu là dans l'enceinte vivant,
[sorti] sauf du jeu de la mêlée, pour se rendre à la cour.
Rapidement fut préparé, comme le puissant l'ordonna,
pour les hôtes à pied le parvis intérieur.
Lors il s'assit en face d'[Hygelac] lui-même, celui qui échappa
à la bagarre, parent en face de parent, après que le seigneur lige
avec des discours courtois[193] eut salué le fidèle [vassal]

de paroles vigoureuses. Avec des cruches d'hydromel
la fille d'Haereth parcourut le bâtiment ;
elle aimait la nation et portait le broc réconfortant
aux mains des héros. Hygelac commença
dans la haute salle à interroger
aimablement son compagnon, la curiosité le
tenaillait[194]
[pour savoir] quelles furent les aventures des Géates
de la Mer :
« Que vous est-il advenu en voyage, cher Beowulf,
lorsque tu résolus soudain d'aller trouver
la bagarre lointaine par-delà l'eau salée,
la bataille à Héorot ? Est-ce que pour Hrothgar
tu as en quoi que ce soit allégé la peine connue au loin,
pour le souverain fameux ? À cause de cela je
bouillonnais[195]
d'humeur soucieuse, de tourbillons de chagrin,
je me méfiais de l'aventure d'un
homme [si] cher. Je te suppliai longuement
pour qu'en aucune façon tu n'entrasses en
rapport[196]
avec cet étranger meurtrier, que tu laissasses les Danois
du Sud eux-mêmes arranger [leur] combat contre
Grendel. Je dis
grâces à Dieu que je puisse te voir [sain et] sauf. »
Beowulf parla, l'enfant d'Ecgtheow,

« Cela est manifeste, seigneur Hygelac,
la fameuse rencontre, à maints entre les humains,
[et] quel temps de tumulte guerrier entre Grendel et moi
il y eut sur la plaine où il causa grand nombre
de chagrins pour les Scyldings Victorieux,
misère perpétuelle. J'ai vengé tout cela
en sorte qu'aucun parent de Grendel n'osera
se vanter sur terre de ce fracas crépusculaire,
qui vivra le plus longtemps de cette race odieuse
entouré de marais. J'arrivai là d'abord
à la salle des anneaux pour saluer Hrothgar ;
aussitôt[197] le fameux rejeton de Healfdene,
après qu'il connut mon intention[198],
m'assigna un siège auprès de son propre fils.
[Sa] troupe fut en joie ; de toute ma vie je ne vis
sous la voûte du ciel plus d'allégresse d'hydromel
de [gens] assis en la grand'salle. Parfois la reine fameuse,
gage de paix des peuples, traversait tout le parvis,
stimulait les jeunes garçons [serveurs] ; souvent elle remettait
un bracelet tors à quelqu'un avant de se rendre à [son] siège.
Parfois devant l'élite la fille de Hrothgar portait
d'une extrémité à l'autre le broc de bière aux comtes.
Lors j'entendis les [hommes] assis au parvis [la] nommer

Freaware, quand elle remettait aux héros
le vase garni de clous. Elle est promise,
jeune, ornée d'or, au gracieux fils de Froda.
Ainsi il a paru bon à l'ami des Scyldings,
au berger du royaume — et cela, il l'estime de conseil
[avisé], —
qu'au moyen de cette femme il apaisât une quantité
de querelles sanglantes [et] d'assauts. Souvent, non rarement,
où que ce soit, après la chute d'un chef, peu de temps
se repose le javelot meurtrier, quoique la fiancée soit
de prix.
Donc il peut alors déplaire au souverain des Heathobards
et à chacun des vassaux de ces gens
quand il va au parvis avec la dame
[et que son] élite[199] accompagne l'enfant seigneurial
des Danois[200] ;
sur lui brillent de durs legs des aïeux
et la rapière ornée d'anneaux, bien des Heathobards
tandis qu'ils purent dominer par ces armes,

XXIX[201].

jusqu'à ce qu'ils fourvoyèrent dans ce jeu [des écus]
de tilleul

leurs doux compagnons et leur propre existence.
Alors à la [beuverie de] cervoise, quelqu'un dit, qui voit
l'anneau[202], vieux guerrier [à lance] de frêne, qui se souvient
de tout, du meurtre des hommes par le javelot (son esprit est farouche) ;
triste d'humeur il commence par la pensée de [sa] poitrine
à sonder l'entendement du jeune champion,
à réveiller des maux de guerre, et prononce cette parole :
« Peux-tu, mon ami, reconnaître l'estoc
que ton père porta au combat
sous le masque d'armée la dernière fois,
fer précieux, là où les Danois le frappèrent,
[et] que les Scyldings actifs après la chute des héros,
quand Withergyld gît à terre[203], s'emparèrent du lieu de carnage ?
Ici maintenant le garçon d'un quelconque de ces assassins
s'avance sur le parvis, content de [ces] ornements,
se vante du meurtre et porte l'objet précieux
qu'en droit, toi, tu devrais détenir. »
Il le presse de la sorte et [lui] rappelle à chaque reprise
avec des paroles cinglantes, jusqu'à ce que vienne l'occasion

[et] que le vassal de la dame, pour les actes de [son] père,
dorme souillé de sang après la morsure du glaive,
ayant payé de ses jours [le meurtre] ; l'autre s'échappe
de là vivant, il connaît bien [cette] terre.
Alors des deux côtés sont brisés
les serments jurés des comtes, après qu'en [l'esprit d'] Ingeld
s'agitent des assauts meurtriers et que chez lui l'affection[204] pour
[sa] femme devient moins brûlante sous les tourbillons du souci.
C'est pourquoi je ne crois pas la fidélité des Heathobards,
[leur] part dans la paix des troupes, sincère pour les Danois,
[ni leur] amitié ferme.

    Désormais je dois discourir
de nouveau au sujet de Grendel pour que tu saches
promptement, dispensateur de trésor, à quelle fin aboutit
après cela le corps à corps des héros. Après que le joyau
du ciel[205] eût glissé au-dessus des plaines, l'esprit survint
furieux, l'horrible noctambule farouche, nous faire visite

où [encore] saufs[206] nous gardions la salle.
Là pour Hondscio la bataille fut menaçante,
la mort violente pour le condamné [du destin] ; il fut couché
le premier, le champion à ceinturon ; pour lui, le fameux
vassal apparenté, Grendel devint un assassin dévorant,
il engloutit tout le corps du cher soldat.
Lors il ne voulut pas plus tôt ressortir les mains vides,
l'assassin à la dent sanglante, se souvenant
de forfaits, de cette salle d'or,
mais lui, vaillant en [sa] puissance, me tâta,
s'attacha [à moi], la paume prompte. [Son] gant pendait,
vaste et étrange, fixé par des liens curieux ;
il était tout préparé habilement
avec la force du diable et des peaux de dragon.
Moi innocent, il voulait m'y enfermer,
l'affreux malfaiteur, moi avec
plusieurs autres ; il ne le put pas
après que je me dressai en fureur.
Il est trop long de narrer comment à ce destructeur du peuple
je donnai paiement de [ma] main pour chacun des méfaits.
Là, mon souverain, j'honorai ta nation
par [mes] œuvres. Il s'échappa en partant,
peu de temps il usa des plaisirs de la vie.

Quoi qu'il en soit, sa main droite marqua
[sa] trace à Héorot, et de là le misérable,
triste d'humeur, tomba au fond du marais.
L'ami des Scyldings me récompensa grandement
en or battu, de cet assaut de carnage,
en maints objets précieux, après que le matin fut venu
et que nous fûmes assis au banquet.
Là il y eut chant et gaîté. Le vieux Scylding
demandant beaucoup [de choses], narra de loin[tains récits] ;
parfois un brave guerrier fit entendre[207] la harpe enchanteresse,
le bois joyeux, parfois il rappela une histoire
vraie et triste ; parfois c'est un conte étrange
que narra adroitement le roi au cœur généreux ;
parfois encore lié par la vieillesse,
un vieux guerrier combattant se prenait à déplorer
[sa] jeunesse, [sa] vigueur à la bataille ; [son] cœur[208] s'agitait
en dedans, quand âgé par les hivers, il se rappelait nombre[209] [d'événements].
Ainsi là en dedans [du palais] pendant l'interminable jour
nous prîmes [notre] plaisir jusqu'à ce qu'une autre nuit
survînt pour les mortels. Lors rapidement après [cela]
la mère de Grendel fut prête à la vengeance,
elle marchait pleine de chagrin ; la mort enleva [son]

fils,
la haine guerrière des Weders. La monstrueuse femelle
vengea son enfant, elle tua un [chef] militaire
avec courage ; lors l'existence fut prête à quitter
Aeschere, vieux conseiller[210] prudent. Ils
ne purent non plus, les gens des Danois, après
que le matin fut venu, consumer en [le] brûlant
l'[homme] lassé par la mort, ni charger sur le bûcher
l'homme chéri ; elle emporta le corps dans
[son] étreinte ennemie sous le torrent de montagne.
Ce fut pour Hrothgar la plus amère des afflictions,
de celles qui avaient longtemps atteint le chef de la nation.
Lors, l'humeur attristée, le souverain me supplia
par ta vie pour que, dans le remous aqueux,
je fisse prouesse de comte, je risquasse mes jours,
j'exécutasse des actions d'éclat ; il me promit un prix.
Lors, comme il est connu au loin[211], je trouvai
la farouche, la terrible gardienne du fond [marin].
Là pour un temps nous eûmes tous deux un corps à corps ;
la crête d'eau bouillonna de sang frais, et j'ai tranché dans cette salle du fond la [tête de la] mère de Grendel
de mon énorme épée[212] ; de là péniblement
je sauvai[213] mon existence ; je n'étais pas encore voué [à la mort].

Mais le protecteur des comtes, le rejeton de Healfdene,
me remit après [cela] maints objets précieux.

XXXI.

Ainsi le roi de la nation vivait suivant les coutumes ;
je n'avais nullement manqué les récompenses,
le prix de la puissance, mais il me donna, lui, le fils
d'Healfdene, des objets précieux [mis] à ma propre disposition,
que je veux t'apporter, roi militaire,
[te] présenter volontiers. Toutes mes faveurs
dépendent encore de toi ; j'ai peu de
proches parents[214], Hygelac, sauf toi. »
Lors il recommanda de porter l'[image du] sanglier, le cimier,
le heaume dominant la mêlée, la cotte de mailles grise,
l'épée de com bat splendide, puis il discourut :
« Hrothgar me remit ce vêtement de bataille,
prince circonspect ; il recommanda en paroles expresses
que je te disse d'abord ses amitiés[215] ;
il déclara que le roi Heorogar l'eut
pendant longtemps, le cacique des Scyldings.

Néanmoins[216] il ne voulut pas [la] remettre à son fils,
à l'actif Heoroweard, quoiqu'il lui fût fidèle,
[cette] armure de poitrine. Use bien du tout. »
J'ai entendu [dire] que quatre chevaux jaunes pomme,
tout à fait pareils, suivirent de près[217] ces
ornements ; il lui fit honneur[218] des
chevaux et des objets précieux. Ainsi doit faire
un parent [et] nullement tisser un filet hostile
pour l'autre, préparer la mort par quelque force cachée
pour un camarade. Pour Hygelac hardi
à l'assaut [son] neveu fut très fidèle
et chacun se souvenait de bienfaits pour l'autre.
J'ai entendu [dire] qu'il remit à Hygd le collier,
la curieuse merveille, que lui donna Wealtheow,
la fille du souverain, [et] trois montures ensemble
élégantes et à brillante selle ; depuis lors elle eut
la poitrine ornée, après [cette] réception d'anneaux[219].
Ainsi l'enfant d'Ecgtheow se montra hardi,
l'homme connu pour [ses] combats, par [ses] hauts faits,
il se comporta glorieusement, il ne frappa nullement après
boire [ses] compagnons de foyer ; il n'avait pas l'esprit cruel,

mais dans toute l'humanité lui, le brave à la bataille,
disposa avec le plus d'habileté des amples dons
que Dieu lui avait remis. Longtemps il fut
dédaigné, comme les enfants des Géates ne le comptaient pas
pour bon, le seigneur des troupes[220] ne voulut pas l'estimer
digne de grand [honneur] sur le banc d'hydromel.
Ils s'imaginaient bien qu'il était mou
[ci] noble pusillanime. Un changement survint à chacun de [ces] outrages pour l'homme comblé de gloire.
Lors le protecteur des comtes, le roi vaillant à la mêlée,
recommanda de chercher le legs de Hrethel
orné d'or ; lors il n'était pas chez les Géates
de meilleur objet de trésor en forme d'épée.
Il la plaça dans le giron de Beowulf
et lui remit 700.000 [arpents], une maison
d'habitation et un siège seigneurial. Tous deux
ensemble, ils avaient dans le pays une terre héréditaire,
un domaine, un droit territorial, [mais] l'autre plutôt
[avait] un large royaume, et en cela la supériorité.
Ensuite ceci advint en des jours ultérieurs
par les fracas de bataille, après que Hygelac git à terre
et que les estocs de bataille eurent tué
Heardred sous le couvert de la targe,
lorsque chez [sa] gent victorieuse les hardis

loups de bataille, les Heatho-Scylfings[221], le recherchèrent,
[et] attaquèrent à l'assaut le neveu de Hereric.
Après cela le large royaume passa aux
mains de Beowulf. Il le dirigea bien
pendant cinquante hivers (lors il fut un vénérable roi,
vieux gardien du pays natal), jusqu'à ce que dans
des nuits sombres un certain dragon se mit à dominer,
qui dans un haut tertre surveillait un trésor accumulé,
dans un tumulus de pierre escarpé ; au-dessous se trouvait
un chemin inconnu des mortels. Là à l'intérieur se rendit
en ne sait qui d'entre les hommes. . . . . il prit[222]
au trésor païen accumulé, [saisit]
[une chose] brillante [de trésor], ensuite il [le regretta],
quoiqu'il eût trompé le [dragon] endormi
par une ruse de voleur. Plus tard le souverain [découvrit],
le héros [sans reproche] du peuple, que [le dragon] était furieux.

XXXII.

Nullement de plein gré ni volontairement il [alla trouver],
la masse puissante des trésors accumulés du reptile, celui qui se
lit gravement mal, mais par nécessité de misère l'esclave de
l'on ne sait quel enfant des héros, privé de [demeure], fuyait
les coups de la haine et tomba là-dedans,
individu troublé par le péché. Bientôt il advint
que pour cet étranger une horrible terreur se dressa ;
cependant le misérable . . . .
. . . .
. . . . [avorton] . . . lorsque la crainte le saisit,
[vit] un coffre à trésor. Là il y avait, dans cette
maison de terre, abondance d'anciens biens
que l'on ne sait quel homme de ceux d'autrefois,
[comme] immense legs d'une race noble,
avait prudemment caché là,
objets précieux de valeur. Tous ceux-là, la mort les enleva
aux temps jadis et lors le seul encore
de l'élite de [cette] nation, qui rôda là le plus longtemps
pleurant ses amis, espéra durer pour ceci [seulement],
qu'il pût user pour un petit intervalle
des biens d'âges reculés. Un tumulus tout prêt
restait sur la plaine près des tourbillons d'eau,
tout à côté d'un cap, habilement fermé ;

là le surveillant des anneaux porta à l'intérieur
une lourde masse de biens de comtes,
d'or en plaques, il prononça peu de paroles :
« Ores toi, sol, retiens, ores que [les] héros
ne [le] peuvent, les possessions des comtes. Voici ! c'est en toi
que les braves autrefois s'en emparèrent ; la mort dans les combats les
enleva, le téméraire carnage mortel [emporta] chacun de [ces] humains,
mes concitoyens, qui quittèrent [cette] vie ;
ils virent la joie de la salle [céleste]. Je ne possède
personne qui porte l'épée ou polisse la coupe plaquée [d'or],
le précieux vase à boire ; l'élite est partie ailleurs.
Le dur heaume agrémenté d'or devra [maintenant] être
dépourvu de [ses] plaques ; les polisseurs sont assoupis
qui devaient arranger les masques belliqueux ;
et de même la cotte d'armes qui à la bataille endura
à travers le fracas des targes la morsure des [épées de] fer,
périra après le chef militaire ; la cotte aux mailles en anneaux
ne pourra s'en aller au loin après le chef guerrier
à côté des héros. Il n'y a [plus] de joie de la harpe,
de ravissement du luth[223], nul excellent faucon
ne traverse la salle au vol, nul coursier rapide

ne piaffe contre la cour du château. Un trépas violent
a chassé maintes générations de vivants. »
Ainsi triste d'humeur, il déplorait ses ennuis,
seul après [eux] tous, il pleurait sans joie
jour et nuit, jusqu'à ce que le tourbillon de [la] mort
le toucha au cœur.
    Le vieux ravageur crépusculaire
trouva ouvert le joyeux trésor, lui
qui brûlant va chercher les tumulus,
le nu dragon envieux, [qui] vole de nuit,
entouré de feu ; les campagnards
le redoutent fort. Il doit aller chercher
sous le sol le trésor accumulé, où il gardera,
vieux de [maints] hivers, l'or païen ; il ne lui en ira
nullement mieux. Ainsi trois cents hivers
le ravageur de la nation conserva dans le sol
une caverne à trésor immensément puissante jusqu'à ce
qu'un homme l'irrita en [son] humeur ; à [son] seigneur lige
[celui-ci] porta une coupe plaquée [d'or] ; il demanda un contrat
de paix à [son] seigneur nourricier. Lors le trésor accumulé fut exploré,
le trésor accumulé des anneaux emporté ; à l'homme misérable
[ses] requêtes [furent] accordées. Le maître regarda
pour la première fois l'ancien travail des humains.
Lorsque le reptile se réveilla, la contestation fut

renouvelée ;
lors il renifla le long du rocher, l'[être] au cœur vigoureux
trouva la trace du pied de l'ennemi ; celui-ci était sorti
avec une ruse dissimulée près de la tête du dragon.
Ainsi il peut aisément, non voué [à la mort], échapper
au malheur et au voyage d'exil, celui qui tient
la bienveillance du Gouverneur [suprême]. Le gardien du trésor accumulé
chercha bien le long du sol battu, il voulait trouver l'homme
qui pendant son assoupissement lui avait causé [cette] douleur.
Brûlant et triste d'humeur, il se porta souvent autour du tertre
tout à l'extérieur ; il n'y avait là aucun mortel
en ce [lieu] désert. Cependant il se réjouit de batailler, de l'œuvre de combat ; parfois il retournait dans le tumulus,
il cherchait le vase du trésor ; bientôt il trouva cela,
[à savoir] que quelqu'un des hommes avait découvert l'or,
les biens de prix. Le gardien du trésor accumulé attendit
péniblement jusqu'à ce que le soir vint ;
lors le conservateur du tumulus fut gonflé de rage,
l'odieux adversaire voulut revaloir par la flamme
le vase à boire précieux. Lors le jour était parti

suivant le gré du reptile ; il ne voulut pas plus longtemps
attendre sur [son] rempart, mais se transporta tout embrasé,
pourvu de feu. Ce début fut terrible
pour les gens sur [cette] terre ferme, comme prestement cela se
termina fâcheusement pour leur dispensateur de trésor.

XXXIII.

Lors l'étranger[224] se mit à vomir des tisons enflammés,
à brûler des demeures brillantes ; la brûlante lueur apparut
en défi aux mortels ; l'odieux être volant
ne voulait laisser là rien de vivant.
La guerre [faite] par ce reptile fut visible au large,
l'attaque de l'ennemi pressant au près et au loin ;
[on vit] comment le combattant destructeur haïssait
et humiliait la nation des Géates. Il rentrait en hâte
dans le trésor accumulé, salle seigneuriale cachée,
avant le temps
du jour ; il avait entouré de flamme les gens de [cette] terre,

d'embrasement et d'incendie ; il se fiait à [son] tumulus,
à [sa] puissance guerrière et à [son] rempart ; son attente le trompa.
Lors fut annoncée à Beowulf vite et véridiquement
la terreur [de savoir] que son propre logis,
le meilleur des édifices, se fondait dans les tourbillons brûlants,
le siège aux dons des Géates. Cela fut à l'excellent [roi]
une affliction en [son] cœur, le plus grand des soucis d'esprit ;
le sage pensait qu'il avait amèrement irrité, [et] contre
le droit d'antan, le Gouverneur [suprême], l'éternel Seigneur ;
[sa] poitrine au dedans était agitée de sombres
pensées, comme il n'avait pas accoutumé.
Le dragon aux flammes avait détruit de [ses] tisons
la forteresse de la nation, le littoral extérieur, le boulevard
de terre. Pour cela le roi combattant, le souverain des Weders,
imagina vengeance contre lui. Lors il recommanda, protecteur
des guerriers, seigneur des comtes,
qu'on lui fabriquât tout en fer
une superbe targe guerrière ; il savait bien
que le bois forestier ne pourrait l'aider,

l'[écu de] tilleul, contre la flamme. Le très excellent
noble devait éprouver la fin des jours [à lui] alloués,
de la vie de [ce] monde, et le reptile tout ensemble,
quoiqu'il eût longtemps détenu la richesse du trésor
accumulé.
Lors le prince aux anneaux dédaigna [cela],
qu'il allât trouver avec une troupe cet [être] volant au loin,
avec une vaste armée ; il ne craignit pas l'assaut pour lui,
ni pour lui ne compta pour quelque chose[225] la guerre du reptile,
[son] pouvoir et [son] courage[226], attendu que jadis affrontant les périls, il avait enduré beaucoup d'attaques,
de fracas de bataille, après que, riche en victoires,
il eut purifié la salle de Hrothgar et
qu'au combat il saisit les parents de Grendel
de race odieuse.

    Cela ne fut pas le moindre
corps-à-corps, [celui] où l'on frappa à mort Hygelac,
après que le roi des Géates, maître ami des peuples,
dans l'assaut de combat sur la terre des Frisons,
[le] descendant de Hrcthel, trépassa par la flamberge altérée de sang,
abattu par le glaive ; de là Beowulf se tira
par sa propre force, usant de la natation[227] ;
il avait sur le bras quelque trente équipements

de bataille, lorsqu'il plongea dans l'élément aquatique.
Les Hetwares n'eurent nullement lieu d'[être] réjouis de la guerre de fantassins, [eux] qui s'avancèrent contre lui
portant des [écus de] tilleul ; peu revinrent
de cette bataille[228] visiter [leur] logis.
Lors le fils d'Ecgtheow traversa à la nage l'étendue des eaux tranquilles[229], retournant, malheureux solitaire, à sa nation.
Là Hvgd lui offrit le trésor accumulé et le royaume,
les anneaux et le siège seigneurial ; elle ne se fiait pas à [son] enfant pour qu'il sût tenir contre les peuples étrangers
les sièges du pays natal, lorsque Hygelac fut mort.
Pas davantage les malheureux ne purent obtenir
de ce noble à aucune condition
qu'il fût le seigneur de Heardred, ou
qu'il voulût accepter la souveraineté ;
cependant il le soutint auprès du peuple[230] par des conseils amicaux
aimablement avec respect, jusqu'à ce qu'il devint plus âgé
[et] dirigea les Weder-Géates. Des bannis,
fils d'Ohtere, vinrent trouver Heardred par delà la mer ;
ils s'étaient révoltés contre le protecteur des Scylfings,

ce meilleur des rois maritimes,
de ceux qui dans le royaume de Suède distribuaient un trésor,
le fameux souverain. Cela mit un terme [à sa vie] [231] ;
là, sans nourriture[232], il eut pour lot une mortelle blessure
d'un coup d'épée, lui Heardred, le fils d'Hvgelac.
Et le petit-fils d'Ongentheow s'en revint
visiter le logis, après que Heardred gît [à terre],
il laissa Beowulf détenir le siège seigneurial,
2390. diriger les Géates ; ce fut un excellent roi.

XXXIV.

Il se souvint de venger cette catastrophe nationale[233]
dans les jours ultérieurs ; il devint ami pour
Eadgils malheureux, il appuya de [son] peuple
le fils d'Ohtere par delà la large mer,
avec guerriers et armes ; il tira vengeance après cela
par de froides expéditions pleines de soucis, il priva
le roi de ses jours.
    Ainsi il avait échappé à chacune
des attaques, des rencontres périlleuses, des courageuses
aventures, lui, le fils d'Ecgtheow, jusqu'à ce jour

même
où il devait s'en prendre au reptile.
Lors il s'en alla avec onze autres[234], gonflé de colère,
le seigneur des Géates, pour observer le dragon ;
lors il avait appris d'où s'éleva la querelle,
l'attaque mortelle pour les militaires ; dans son giron était venu
par la main de l'informateur le fameux vase précieux.
Celui-ci était le treizième homme de la bande,
celui qui avait provoqué le commencement de ce tumulte guerrier ;
captif attristé, il dut humblement [les] guider là vers la plaine. Il s'[y] rendait contre son gré jusqu'à
[l'endroit] où il savait une salle de terre solitaire[235],
une chambre voûtée sous le sol, près du tourbillon aquatique,
de l'altercation des vagues, qui était pleine en dedans de bijoux et de filigranes. Le gardien monstrueux,
le loup de combat [tout] prêt, détenait les objets d'or précieux,
vieil [habitant] sous terre ; ce n'était pas un prix commode
à risquer pour un homme quel qu'il fût.
Lors le roi hardi à l'attaque s'assit sur le promontoire,
de là il dit adieu à [ses] camarades du foyer,
l'ami d'or des Géates. Il avait l'esprit triste,
il était troublé et s'attendant au carnage, le destin

[était] infiniment près,
qui devait aborder[236] le vieillard,
aller trouver le trésor accumulé de l'âme, séparer[237]
du corps la vie ; alors l'existence du noble
ne fut pas longtemps enveloppée de chair.
 Beowulf parla, l'enfant d'Ecgtheow :
« Dans [ma] jeunesse j'ai survécu à beaucoup
d'assauts de combat, de temps de tumulte ; je me rappelle
tout cela. J'avais sept ans, lorsque le hardi prince aux trésors,
le maître ami des peuples, me reçut de mon père ;
le roi Hrethel me tint et me garda,
il me donna trésor et banquet, il se rappela notre parenté.
Je ne lui fus pas en [ma vie] du tout moins chéri[238] comme
écuyer au château qu'aucun de ses enfants,
Herebeald et Haethcyn, ou mon propre [seigneur] Hygelac.
Pour l'aîné fut étendu[239] d'une façon contre nature
par les actes d'un parent un lit de meurtre,
après que Haethcyn l'abattit, son [futur]
maître ami[240], d'une flèche [venue] de [son] arc en corne,
il manqua le but et atteignit son parent,
un frère l'autre, d'un trait sanglant.
Ce fut une attaque sans compensation [possible]

perpétrée
criminellement, écœurante, et pourtant quoiqu'il en fût,
le noble dut finir ses jours non vengé.
 Ainsi il est triste pour un vieillard
d'endurer [ceci], que son garçon monte
jeune au gibet, qu'alors il chante [sa] plainte,
chant affligé, alors que son fils est pendu
pour le profit du corbeau et qu'il ne peut,
vieux et fort âgé, lui octroyer aucune aide.
Toujours chaque matin lui est rappelé
le départ de [son] fils[241] ; il ne se soucie pas
d'attendre à l'intérieur du château[242] un autre héritier[243], quand l'un d'eux a par
la nécessité de la mort subi des actes [de violence].
Dans un triste souci il voit la chambre de son fils,
la salle de vin désolée, séjour des vents
privé d'allégresse ; les cavaliers sont assoupis,
les héros dans la tombe ; il n'est pas là de son de la harpe,
de gaîté dans les enclos, comme il y en eut là autrefois.

XXXV.

Alors [Hrethel] s'en va vers [son] lit, il chante un lai
soucieux, lui seul, en mémoire de l'autre ; tout lui semblait trop
spacieux, plaines et demeure d'habitation. Ainsi le protecteur
des Weders agité portait un souci de cœur
au sujet d'Herebeald ; il ne pouvait en aucune façon
tirer vengeance de la querelle sur le meurtrier[244] ;
il ne pouvait pas davantage par des actes hostiles
poursuivre le guerrier de sa haine, quoiqu'il ne lui fût pas cher.
Lors avec ce souci que la blessure lui valut,
il abandonna la félicité humaine [et] choisit la lumière de Dieu.
À [ses] descendants il laissa, comme le fait un homme fortuné,
une terre et des bourgs nationaux, lorsqu'il s'en alla de la vie.
Lors il y eut lutte et conflit des Suédois et des Géates,
contestation commune par-dessus la [nappe d']eau large,
dure attaque d'armée, après que Hrethel trépassa
et pour eux les descendants d'Ongentheow furent
hardis, belliqueux, ils ne voulaient pas garder
la paix par delà les lacs, mais autour de Hreosnabeorh
souvent ils effectuaient une incursion terrible.
Cela, mes parents amis [le] vengèrent,
la querelle et l'outrage, comme ce fut renommé,
quoique l'un des deux le payât de ses jours,

à dur prix ; pour Heathcyn,
seigneur des Géates, le combat [fut] fatal.
Lors j'ai appris que le matin un frère[245] avec le tranchant du glaive
tira satisfaction du meurtrier pour l'autre,
là où Ongeotheow fondit sur Eofor ;
le heaume de combat se brisa en morceaux, le vieux Scylfing
s'écroula pâli par la flamberge ; la main se rappela
assez de querelles, [et] ne retint pas le coup mortel.
Je lui revalus au combat les objets précieux
qu'il m'avait remis, comme [cela] me fut accordé,
de [mon] épée étincelante ; lui, me fit don d'une terre,
d'une résidence, joie du pays natal[246]. Il n'y eut nul besoin
que chez les Gépides, ou chez les Danois à Javelots,
ou dans le royaume suédois, il dût chercher
un plus médiocre loup de guerre, l'acheter à prix [d'or].
Toujours pour lui je voulus marcher de l'avant avec les fantassins,
moi seul en tête, et ainsi pendant [le reste de] mes jours
je devrai pousser l'assaut, tant que cette épée durera,
qui tôt et tard m'a souvent servi
après que par prouesse je tuai de ma main
Daegrefn, le champion des Hugas.
Il ne put nullement apporter au roi des Frisons

les joyaux, l'ornement de poitrine,
mais il s'affaissa sur le champ de bataille,
gardien[247] de l'étendard, noble par le courage ; l'épée
tranchante ne fut pas [son] meurtrier, mais [mon] étreinte guerrière[248]
arrêta les tourbillons de [son] cœur, écrasa [sa] charpente d'os.
Ores le tranchant du glaive, la main et la dure épée devront
guerroyer pour le trésor accumulé. » Beowulf parla, il s'exprima
en paroles vantardes une dernière fois : « J'ai osé
beaucoup de combats en [ma] jeunesse ; je veux encore,
conservateur âgé du peuple, rechercher la querelle,
agir avec éclat, si ce méchant destructeur
sort de [sa] salle de terre pour me chercher, »
Lors il salua chacun des hommes,
les actifs porteurs de heaumes, pour l'ultime fois,
[ses] chers compagnons : « Je ne voudrais pas porter l'épée,
l'arme contre le reptile, si je savais comment
je pourrais autrement m'opposer avec [ma] vantardise
à l'être monstrueux, comme jadis je [le] fis contre Grendel.
Mais là je m'attends au feu ardent de la mêlée,
à l'haleine et au poison[249] [du monstre] ; c'est

pourquoi j'ai
sur moi targe et cotte de mailles. Je ne veux pas devant le gardien
du tumulus fuir l'espace d'un pied,
mais il devra advenir de nous au rempart, comme la Destinée
le décidera pour nous, le sort de chaque homme. Je suis [si] prompt
d'humeur que je m'abstiendrai de vantardise contre ce
combattant ailé. Demeurez sur le tumulus, défendus par [vos] cottes
de mailles, gens en armure, [pour voir] lequel pourra le mieux
de nous deux, après l'assaut du carnage, se remettre
de [sa] blessure. Ce n'est pas votre aventure à vous,
il ne convient pas à [quelque] homme, sauf à moi seul,
d'exercer ses forces contre l'être monstrueux,
de faire prouesse de comte. Je dois avec courage
conquérir l'or, ou le combat, l'effrayante
mort violente, prendra votre maître. »
Lors le vaillant soldat se leva auprès de [son] écu,
hardi sous le heaume, il porta [sa] cotte d'armes[250]
sous les pans de rochers, il se fiait à la vigueur
d'un seul homme ; tel n'est pas l'exploit d'un couard.
Lors il vit auprès du rempart, lui qui avait enduré
grand nombre de combats, de fracas de bataille,
lui, excellent en vertus viriles, quand les fantassins se

rencontrent,
[il vit] se dresser une arche de roc, de là un cours d'eau jaillir
du tumulus, le tourbillon de ce torrent
était chaud du feu de la mêlée ; près du trésor accumulé
il ne put sans brûler supporter quelque temps
le creux[251] à cause de la flamme du dragon.
Lors de [sa] poitrine, lorsqu'il fut gonflé [de colère],
le cacique des Weder-Géates laissa partir une parole,
[le héros] au cœur vigoureux tempêta ; [sa] voix claire en la mêlée
entra retentissante sous la roche grise.
La haine fut soulevée, le gardien du trésor accumulé
reconnut le discours d'un homme ; il n'y avait plus là
le laps de temps pour solliciter la paix. Tout d'abord
l'haleine de l'être monstrueux sortit de la roche,
un air chaud de bataille ; le sol résonna.
Le [chef] militaire sous le tumulus souleva [son] écu[252],
le seigneur des Géates, contre l'hôte affreux[253].
Lors le cœur de [l'être] courbé en anneau fut disposé
à rechercher le conflit. Déjà[254] l'excellent roi combattant
tira [son] épée, legs ancien,
rapide de tranchant ; chacun des deux
adversaires[255] eut terreur de l'autre.
Il se tint, l'humeur résolue, contre [son] écu élevé,

le prince des amis, quand le reptile se replia
vite sur lui-même[256] ; il attendit sous l'armure.
Lors [l'être] brûlant s'avança recourbé,
se précipita vers [son] destin[257]. Le bouclier garantit bien
la vie et le corps pour le fameux souverain
moins de temps que son désir [ne] le cherchait
si, en cette circonstance, il devait, ce premier
jour, remporter renom à la bataille, comme
la destinée ne [le] lui attribua pas. Il éleva la main,
le seigneur des Géates, il frappa le [monstre] affreusement brillant
du legs pesant[258], en sorte que le tranchant sombre
céda sur l'os, [et] mordit moins fortement
que le roi national n'en avait besoin,
pressé de peines[259]. Lors le gardien du tumulus,
farouche d'humeur après [ce] coup porté dans la mêlée,
lança un feu meurtrier[260] ; au large jaillirent
les flammes de bataille. Il ne se vanta pas de victoire
renommée, l'ami d'or des Géates ; le glaive de combat nu
flancha, comme il ne l'aurait pas dû, dans l'attaque,
le fer fort excellent[261]. Ce ne fut pas là un voyage[262] facile,
que le fameux rejeton d'Ecgtheow
consentît[263] à abandonner cette plaine terrestre[264] ;
il devait contre [son] gré[265] établir [son] habitation

ailleurs, ainsi que chaque homme doit
quitter [ses] jours alloués. Lors il n'y eut pas longtemps
avant que les [deux êtres] prodigieux se rencontrèrent encore.
Le gardien du trésor accumulé s'enhardit, à nouveau [son] sein
s'agita de [son] souffle ; entouré de feu,
il souffrit détresse[266], celui qui jadis gouvernait le peuple.
[Ses] camarades, enfants de nobles, ne se tinrent nullement en groupe autour de lui
avec bravoure batailleuse, mais ils se replièrent vers le bois,
ils protégèrent [leurs] jours. Chez un seul d'entre eux l'esprit
fut agité de soucis ; jamais rien ne peut détourner
[le devoir de] parenté[267] pour qui est bien pensant.

XXXVI.

Il s'appelait Wiglaf, fils de Weohstan,
aimable guerrier à [écu de] tilleul, cacique des Scyliings,
parent d'Aelfhere. Il vit son seigneur lige
souffrir de la chaleur sous [son] masque d'armée ;

lors il se rappela l'honneur que celui-ci lui accorda jadis,
l'opulente demeure d'habitation des Waegmundings,
[et] chacun des privilèges politiques[268] que son père possédait.
Lors il ne put s'abstenir, [sa] main saisit l'écu,
le jaune tilleul, [et] tira la vieille épée.
Celle-ci était [connue] parmi les mortels [comme] legs d'Eanmund,
fils d'Ohthere, pour qui exilé sans ami,
à l'assaut, Weohstan devint un meurtrier avec
le tranchant de [son] estoc et enleva aux parents du [mort]
le heaume de couleur brune, la cotte de mailles aux anneaux,
l'antique épée de géant[269] que lui donna Onela,
les vêtements de combat de son frère d'armes,
accoutrement militaire [tout] prêt. Lors [Onela] ne mentionna pas
cette querelle, quoique [Weohstan] eût accablé l'enfant de son frère.
[Weohstan] retint pendant plusieurs semestres les ornements,
le glaive et la cotte de mailles, jusqu'à ce que son garçon
put accomplir prouesse de comte comme son père jadis ;
lors il lui donna parmi les Géates innombrable

quantité
de vêtements de combat, lorsque de la vie il s'en alla au loin,
étant âgé.

    Lors ce fut la première fois
pour le jeune champion, qu'il dut faire assaut
de combat auprès de son franc seigneur ;
son esprit ne défaillit pas[270], et le legs de [son] parent
ne fléchit pas à la guerre ; cela, le reptile le trouva
après que les trois furent aux prises[271].
Wiglaf parla en beaucoup de paroles justes,
il dit à [ses] compagnons (son esprit était triste) :
« Je me rappelle le moment où nous prenions notre part d'hydromel,
quand nous promîmes à notre seigneur nourricier
dans la salle de bière, à lui qui nous donna ces anneaux,
que nous lui revaudrions les équipements de combat,
les heaumes et la dure épée, si pareille nécessité
survenait pour lui. Aussi[272] il nous a choisis dans
l'armée par sa propre volonté pour cette expédition,
il nous a rappelé les actions d'éclat, et m'a donné ces
objets précieux[273], vu qu'il nous estimait excellents guerriers à javelot, des porteurs de heaume actifs, quoique
le seigneur nourricier pensât accomplir seul pour nous

cet exploit courageux, lui berger du peuple,
parce que de [tous] les hommes il a accompli le plus
d'actions d'éclat, de faits téméraires. Ores le jour est venu
où notre seigneur lige a besoin de la puissance
d'excellents guerriers combattants ; rendons-nous près de [lui]
pour aider le chef de bataille tandis que la chaleur est [sur lui],
la cruelle terreur des tisons enflammés. De moi Dieu sait
qu'il m'est grandement préférable que les tisons consument
mon enveloppe corporelle avec mon dispensateur d'or.
Il ne me semble pas convenable que nous rapportions [nos] écus
à [notre] résidence à moins de pouvoir auparavant
abattre [notre] antagoniste [et] défendre l'existence
du souverain des Weders. Je sais fort bien que
[tels] n'étaient pas [ses] anciens mérites[274] qu'il dût seul
de [toute] l'élite des Géates souffrir l'affliction,
s'effondrer à l'attaque ; nous aurons tous deux en commun
épée et heaume, cotte de mailles et bouclier protecteur[275].

Lors il marcha à travers la fumée meurtrière[276], il porta
le heaume guerrier au secours du maître, [et] prononça peu de paroles :
« Cher Beowulf, acquitte-toi bien de tout,
comme tu déclaras jadis dans ta jeunesse[277]
que tu ne laisserais pas, toi vivant,
ton honneur décliner ; ores tu dois, vaillant en actes,
noble à l'esprit résolu, de toute [ta] puissance
défendre [ton] existence ; moi, je t'assisterai jusqu'au bout. »
Après ces paroles le reptile vint furieux,
l'affreux étranger hostile, une seconde fois,
étincelant de tourbillons de feu, fondre sur les ennemis,
sur les hommes odieux. Par les vagues de flamme la targe
[fut] brûlée jusqu'au bord de l'écu[278] ; la cotte de mailles
ne put fournir aide au jeune guerrier à javelot ;
mais l'adolescent sous le bouclier de son parent
s'avança avec courage[279], lorsque son propre [bouclier]
fut détruit par les tisons. Lors encore le roi combattant
se souvint de [ses] actions d'éclat, il frappa d'une force puissante
avec le glaive de bataille [en sorte] que celui-ci

s'arrêta dans
la tête [de la bête] enfoncé par l'assaut. Naegling[280]
se brisa,
l'épée de Beowulf, ancienne et grisâtre,
fléchit à l'attaque. Il ne lui fut pas accordé
que les tranchants de fer pussent
lui prêter secours à la bataille ; [sa] main était
trop forte, qui, à ce que j'ai entendu, en [le] brandissant,
forçait chacun de [ses] estocs[281] ; quand il portait à l'attaque
une arme étonnamment dure, cela n'en allait pas mieux pour lui.
Lors pour la troisième fois le destructeur de la nation,
l'effrayant dragon de feu, se rappelant les querelles,
se jeta sur le vaillant, lorsque l'occasion s'offrit à lui[282] ;
ardent et farouche en la mêlée, il entoura tout le cou [du héros]
de dents mordantes ; [Beowulf] fut ensanglanté
de sang de vie répandu ; le sang coulant jaillit en vagues.

XXXVII.

Lors j'ai entendu dire que dans l'[urgent] besoin du roi national

le comte montra un incessant courage,
force et hardiesse, comme cela lui était naturel ;
de la tête [du monstre] il n'eut nul souci (mais la main
de l'homme valeureux fut brûlée tandis qu'il secourait
son parent), [en sorte] qu'il frappa l'assaillant étranger un peu
plus bas, lui, homme armé, que l'épée s'enfonça,
brillante et plaquée [d'or], [et] que le feu commença
après cela à diminuer. Lors à nouveau le roi lui-même reprit[283] ses sens, il tira l'épée courte meurtrière[284],
mordante et aiguisée pour le duel, qu'il portait sur
la cotte de mailles ; le protecteur des Weders trancha le reptile
par le milieu. Ils avaient abattu l'ennemi, [leur] force courageuse avait
chassé [son] existence, et tous deux, nobles apparentés,
l'avaient détruit. Tel devrait être un homme,
un vassal dans le besoin. Ce fut pour le souverain
le dernier temps de victoire[285], par ses propres actions,
de [son] œuvre en [ce] monde.
    Lors la blessure
que le dragon terrestre auparavant lui avait faite[286]
commença à lanciner et à s'enfler ; il trouva bientôt

cela,
[à savoir] que dans son sein s'agitait un mauvais venin,
un poison intérieur.

    Lors le noble alla
[jusqu'à ce] qu'il s'assit avec de sages réflexions[287]
auprès du mur sur un siège ; il regarda l'œuvre des géants,
comment l'éternel bâtiment de terre contenait à l'intérieur
ces arches rocheuses affermies sur des colonnes[288].
Lors de sa main le vassal infiniment brave
réconforta d'eau le fameux souverain,
son seigneur ami, ensanglanté par le combat[289],
rassasié de la bataille, et détacha son heaume.
Beowulf parla, il devisa en dépit de [sa] plaie,
de [sa] pitoyable blessure du carnage ; il savait fort bien
qu'il avait passé ses journées[290]
de joie terrestre ; lors tout était parti
du nombre de [ses] jours, la mort [était] infiniment près :
« Ores », [dit-il], je voudrais remettre à mon fils
[mon] vêtement de combat, s'il m'[était] accordé
que quelque héritier[291] provenant de [mon] corps
survînt après [moi]. J'ai dirigé[292] cette nation
[pendant] cinquante hivers ; il n'y a eu aucun roi
de peuple de ceux habitant à l'entour

qui osât m'attaquer[293] avec des amis de combat[294],
m'oppresser par la terreur. Dans [ma] résidence j'attendis
les moments fixés, je conservai bien ce qui [était] à moi,
je n'allai pas chercher d'assauts armés, ni pour moi ne jurai
beaucoup de faux[295] serments. De tout ceci je puis,
malade de plaies mortelles, avoir réjouissance,
parce que le Gouverneur des humains n'aura pas besoin
de me reprocher le méchant meurtre de parents, quand ma vie
partira de [mon] corps. Ores va, toi, prestement
observer le trésor accumulé sous la roche grise,
cher Wiglaf, ores [que] le reptile gît,
qu'il dort grièvement blessé, privé de [son] trésor.
Ores hâte-toi pour que j'aperçoive
l'antique richesse, l'amas d'or, que j'observe fort bien
les brillants joyaux curieux, pour que d'autant plus à l'aise,
après [avoir gagné] de précieuses richesses, je puisse quitter
ma vie et [ma] nation, que j'ai longtemps dirigée[296].

XXXVIII.

Lors j'ai appris que vite, après [ces] paroles prononcées,
le fils de Weohstan obéit à son seigneur blessé,
malade de la mêlée, qu'il porta [son] armure à anneaux de fer,
[sa] chemise de combat[297] tissée, sous le toit du tumulus.
Lors réjoui par la victoire, lorsqu'il passa près du siège,
le courageux vassal parent vit beaucoup de joyaux précieux
en forme de soleil, de l'or étincelant qui jonchait le sol,
des merveilles sur le mur[298], et l'antre du reptile,
du vieil oiseau crépusculaire ; [il vit] debout
des vases, vaisseaux à boire d'hommes anciens, manquant de polisseur,
dépouillés d'ornements. Là étaient maint heaume,
vieux et rouillé, beaucoup de bracelets
habilement entrelacés. Aisément un trésor,
de l'or [gisant] sur le sol, peut tourner la tête à
quelqu'un de race humaine, [le] cache[299] qui veut !
Il vit aussi se dresser une bannière toute d'or,
élevée au-dessus du trésor accumulé, la plus grande des merveilles
faite de main, tissée par puissance d'enchantement[300] ; d'elle sortait

une lueur [en sorte] qu'il pût distinguer le parquet[301],
examiner de près les bijoux. Du reptile il n'y avait là nulle trace, mais l'épée tranchante l'avait enlevé.
Lors j'ai entendu dire que dans le tertre un seul homme
ravit le trésor accumulé, l'ancien travail des géants,
il chargea dans son giron coupes et plats
à son choix ; il prit encore la bannière,
le plus éclatant des signaux. Auparavant le glaive
du vieux seigneur nourricier[302] (son tranchant était de fer)
avait nui à celui qui fut longtemps je protecteur
de ces objets précieux, il porta une chaude terreur
de flammes à cause du trésor accumulé, terreur qui bouillonnait
farouche[303] au milieu de la nuit jusqu'à ce qu'il mourût de mort violente.
Le messager se hâta, avide de retourner,
chargé[304] de joyaux ; la curiosité le tenaillait
[de savoir] s'il rencontrerait vivant, lui au cœur hardi,
sur le lieu de plaine où il le laissa auparavant,
le souverain sans force[305] des Weders.
Lors auprès des objets précieux il trouva le fameux souverain, son seigneur, ensanglanté,
[parvenu] au bout de ses jours ; il se mit de nouveau
à l'asperger d'eau jusqu'à ce que la pointe d'une parole

perçât[306] du trésor accumulé de [sa] poitrine.
Beowulf parla,
vieillard [plein] de douleur, il observa l'or :
« Pour ces joyaux je dis merci au Maître de tout,
au Roi de l'Honneur, en [mes] paroles,
à l'éternel Seigneur ; [pour ces joyaux] que je contemple
ici, de ce que j'ai pu pour ma nation
acquérir de telles [choses] avant [mon] jour de trépas.
Ores j'ai troqué contre un trésor accumulé d'objets précieux
l'abandon de ma vie âgée[307] ; vous pourvoirez toujours
aux besoins de la nation ; je ne puis être ici longtemps.
Ordonnez aux [héros] fameux dans la mêlée de construire
un tertre en vue brillant après le feu [funéraire] sur le cap marin ;
comme monument de souvenir pour ma nation,
il devra se dresser haut sur le Hronesnaes[308],
afin que les voyageurs sur mer après cela l'appellent
le tumulus de Beowulf, eux qui poussent
au loin les navires élevés par-dessus les brumes des flots. »
De [son] cou le souverain à l'esprit audacieux enleva
le collier d'or ; il [le] remit au vassal,
au jeune guerrier à javelot [et] le heaume orné d'or,

l'anneau et la cotte de mailles, il lui recommanda[309]
d'en bien user. « Tu es le dernier restant de notre race,
des Waegmundiugs ; la destinée a emporté
tous mes parents vers le sort décrété par la Divinité,
comtes [grands] en courage ; je devrai les suivre. »
Ce fut pour le vieillard la parole suprême
des pensées en [son] sein avant qu'il se résignât au feu
[funéraire], aux chauds tourbillons de flamme[310] ; l'âme lui
sortit du cœur pour aller trouver le sort des justes[311].

XXXIX[312].

Lors il était péniblement advenu au jeune homme
de voir sur terre [le héros] le plus
aimé arrivé lamentablement au
terme de [sa] vie. [Son] meurtrier aussi,
le terrible dragon terrestre, gisait privé
de ses jours, accablé par la ruine. Le reptile
tors et recourbé ne pouvait plus longtemps dominer
le trésor accumulé des anneaux, mais les tranchants de fer
l'avaient enlevé[313], les durs [tranchants] ébréchés en la mêlée,

reliquats de marteaux, [en sorte] que le [monstre] volant au loin,
immobilisé par [ses] blessures, s'affala sur le terrain près de
la demeure du trésor accumulé. Il ne rôda [plus] nullement
dans l'air, jouant en pleine nuit, [ni], fier de ses biens précieux,
ne manifesta [sa] présence, mais il tomba
à terre par l'œuvre de la main du chef de bataille.
Certes ceci a réussi au monde[314] à peu d'hommes puissants, d'après ce que j'ai appris,
(bien qu'[un héros] fût entreprenant en tout [genre d']exploits),
qu'il se précipitât contre l'haleine d'un dévastateur venimeux,
ou que de ses mains il bouleversât une salle à anneaux,
s'il trouvait que le gardien veillant
habitât le tumulus. Pour Beowulf, [sa] part
des objets précieux seigneuriaux fut payée par la mort ;
l'un et l'autre avaient atteint le terme
de [la] vie éphémère.
    Lors cela ne prit pas longtemps
[avant] que les retardataires de la bataille quittèrent
le bois, les dix traîtres[315] timorés ensemble,
qui auparavant n'osèrent pas jouer des épieux

dans le grand besoin de leur seigneur lige ;
mais honteux, ils portèrent [leurs] boucliers,
[leurs] vêtements de combat, là où gisait le vieillard ;
ils regardèrent Wiglaf. Il était assis lassé,
le champion fantassin, près des épaules du maître,
il voulait le ranimer[316] avec de l'eau ; cela ne lui servit en rien.
Il ne put retenir sur terre, quoiqu'il le
désirât bien, l'existence du chef[317],
ni changer en rien la volonté du Gouverneur [suprême].
Pour chacun des hommes le jugement de Dieu voulait
décider par les faits, comme ores encore il agit.
Lors il y eut de la part du jeune [homme] une réponse farouche
aisément produite pour qui auparavant manqua de courage.
Wiglaf parla, le fils de Weohstan,
l'homme au cœur affligé regarda [ces gens] non aimés :
« Cela, certes, il peut le dire, celui qui veut parler vrai,
que ce seigneur lige qui vous donna ces objets précieux,
[ces] harnachements militaires dans lesquels vous êtes là debout,
quand sur le banc de cervoise il remettait souvent
heaume et cotte de mailles à ceux qui siégeaient dans

la grand'salle,
le souverain à ses vassaux, tels qu'il put [les]
trouver les mieux choisis n'importe où au loin ou auprès,
qu'entièrement il gaspilla à tort [ces] vêtements
de combat, lorsque la guerre le surprit.
Le roi du peuple n'eut nullement lieu de se vanter
de [ses] belliqueux compagnons ; cependant Dieu lui accorda,
Lui qui dispose des victoires, qu'il se vengeât
seul avec le tranchant [de l'épée], lorsqu'il eut besoin de courage.
Moi, je pus lui rendre peu de chose au combat
pour protéger [sa] vie, et je me mis toutefois
à aider [mon] parent au-delà de ma force.
Toujours [le monstre] fut d'autant plus faible, quand de
Tépée je frappai l'ennemi mortel[318], le feu sortait
en bouillons moins fortement de [son] chef. Trop peu de défenseurs
se pressèrent autour du souverain, lorsque la période [de lutte]
l'assaillit. Ores réception de trésor et don d'épée,
toute joie en terre natale devront[319] manquer [comme] espoir
à votre race ; privé de [son] droit territorial
chacun des hommes de cette famille[320] pourra
rôder, après qu'au loin les nobles

entendront parler de votre fuite,
de [votre] acte sans gloire. La mort est préférable
pour chacun des comtes à une vie d'infamie. »

XL.

Lors il commanda d'annoncer cette œuvre de la mêlée à l'enclos
en haut par-delà la falaise marine, où la troupe de comtes
était assise triste d'humeur, tout le long du jour depuis
le matin, tenant [leurs] targes, dans l'attente de deux [choses],
[à savoir] du jour final ou[321] du retour
de l'homme cher. Il se tut peu sur
les dernières nouvelles, celui qui chevaucha vers
le cap, mais il dit avec vérité parmi tous :
« Ores le donateur de plaisir de la nation des Weders,
le seigneur des Géates, est fixé sur [son] lit de mort,
il demeure en repos de carnage par l'acte[322] du reptile.
À côté de lui gît l'ennemi de ses jours,
malade de plaies faites par le poignard ; par l'épée il
ne put en aucune façon infliger à l'être monstrueux
de blessure. Wiglaf est assis auprès

de Beowulf, lui, le fils[323] de Weohstan,
un comte [vivant] au-dessus d'un autre sans vie,
il tient avec un esprit respectueux[324] la garde de la tête
de l'[être] cher et de l'[être] odieux[325]. Ores il y aura
pour la nation attente d'un temps de tumulte guerrier,
après que la chute du roi sera publiée à distance
aux Francs et aux Frisons. La contestation se fit
violente[326] contre les Hugs, après que Hygelac
vint se transporter avec une flotte[327] sur la terre
des Frisons, où les Hetwares[328] le vainquirent
à la bataille, ils obtinrent prestement avec une force
supérieure que le guerrier à cotte de mailles dût
céder, il tomba parmi [ses] fantassins ; [ce] prince ne
donna nullement de joyaux à [son] élite. Après cela
la faveur du [roi] Mérovingien nous fut toujours refusée.
Je n'attends aucunement paix ou bonne foi de la part de
la nation suédoise ; mais il fut connu au loin
qu'Ongentheow priva de ses jours
Haethcen, fils de Hrethel, en face du Bois des Corbeaux,
lorsque par arrogance les Scylfings Combattants
assaillirent d'abord la nation des Géates.
Bientôt le père âgé d'Ohthere, vieux

et terrible, lui rendit le coup en retour,
il tua le chef maritime[329], recouvra [sa] femme,
lui, le vieillard, [son] épouse de jadis, dépouillée de [son] or,
la mère d'Onela et d'Ohthere,
et lors il suivit ses mortels ennemis
jusqu'à ce qu'ils s'en allèrent péniblement
dans la forêt du Corbeau, sans seigneur nourricier.
Lors il assiégea avec une immense armée le reste
échappé aux épées[330], lassé par [les] blessures ;
souvent pendant
[l]'interminable nuit il promit malheur à la pauvre petite bande ;
il déclara que le matin avec le tranchant[331] de l'estoc
il voudrait [les] atteindre et [pendre] quelques-uns sur des arbres de potence pour le plaisir [des oiseaux]. Le réconfort
survint de nouveau aux [hommes] affligés[332] en même temps
que l'aube[333] après qu'ils perçurent le cor et le coup de trompette d'Hygelac, lorsque l'excellent [chef]
vint avec l'élite de [sa] nation s'attacher à leurs pas.

XLI.

La trace sanglante des Suédois et des Géates,
l'assaut de carnage des soldats, fut visible à distance,
[à savoir] comment les peuples réveillèrent entre eux la querelle.
Lors l'excellent [chef] s'en alla avec ses frères d'armes
vieux, très soucieux[334], rechercher une forteresse ;
le comte[335] Ongentheow se tourna vers [un terrain] plus élevé ;
il avait entendu parler de la prouesse de bataille d'Hygelac,
de la force guerrière du lier [chef], il ne se fia pas à la résistance
[pour] qu'il pût s'opposer à l'attaque des hommes de mer,
aux voyageurs de l'onde, [et] défendre [son] trésor accumulé,
[ses] enfants et [sa] femme ; de là le vieux de nouveau
se retira derrière[336] le rempart de terre. Lors chasse fut
donnée à la nation des Suédois, la bannière d'Hygelac [levée][337].
Ils s'avancèrent sur cette plaine paisible,
après que les Hrethlings se pressèrent vers l'enclos [retranché][338].
Là Ongentheow aux cheveux gris fut réduit

aux abois par les tranchants des épées,
[en sorte] que le roi populaire dut subir
la seule décision d'Eofor. Furieusement
Wulf, fils de Wonred, l'atteignit de [son] arme
[en sorte] que par l'élan [du coup] le sang versé jaillit
des veines sous la chevelure. Cependant il ne fut pas
effrayé, le vieux Scylflng, mais rapidement il
revalut d'un pire échange ce coup affreux[339]
après que lui, roi populaire, se fut retourné.
Il ne put, le vif fils de Wonred,
donner au vieillard un coup en retour,
mais celui-ci auparavant lui fendit [le] heaume
sur [la] tête [en sorte] qu'il dût se courber souillé
de sang, il tomba sur la plaine ; lors il n'était pas encore
voué à mort, mais il se remit, quoique la blessure l'eût
touché de près. Le hardi vassal d'Hygelac[340] laissa
le large estoc, là où gisait son frère,
la vieille épée de géant, le heaume gigantesque
se briser [un passage] à travers le rempart des targes ;
lors le roi,
berger du peuple, se courba, il était mortellement frappé,
Lors ils furent plusieurs qui bandèrent son parent[341],
le relevèrent promptement, lorsqu'on leur eut fait place,
[en sorte] qu'ils purent dominer le lieu du carnage,

tandis qu'un guerrier dépouillait l'autre,
[et] prenait à Ongentheow la cotte de mailles de fer,
la dure épée à poignée et avec cela son heaume ;
il porta à Hygelac le harnois du [chef] grisonnant.
Celui-ci prit ces ornements et lui promit courtoisement
des récompenses devant la nation[342], et il accomplit aussi [sa promesse].
Il paya cet assaut de combat, lui, le seigneur des Géates,
descendant de Hrethel, lorsqu'il fut venu au logis,
à Eofor et à Wulf avec des objets fort précieux,
il remit à chacun d'eux cent mille [arpents]
en terre et des anneaux entrelacés[343] ; nul homme en l'enclos
du milieu[344] n'eut besoin de leur reprocher ces récompenses,
puisqu'ils avaient réalisé ces hauts faits ; et lors il donna
à Eofor [sa] fille unique, comme gage de faveur, pour honorer [son] logis. C'est là la querelle de l'inimitié,
l'assaut de carnage[345] des soldats, de la nation suédoise,
à laquelle je m'attends, qui nous attaquera,
après qu'ils auront appris que notre maître [est]
privé de ses jours, lui qui jadis détenait
contre [les ennemis] haineux [son] trésor accumulé et [son] royaume,

[Scyldings actifs, après la chute des héros][346],
il agissait en vue du bien public, ou faisait
encore plus d'exploits de comte. Ores le mieux est la hâte,
pour que nous contemplions là le roi populaire,
et que nous l'amenions, lui qui nous donna des anneaux,
sur le chemin du bûcher. Nulle chose seule[347] ne devra
fondre avec le [chef] courageux, mais il y a là un trésor accumulé
d'objets précieux, de l'or sans nombre, acquis à prix cruel,
et ores en tout dernier lieu des bagues achetées de sa propre
existence ; ceux-ci, l'incendie devra [les] dévorer,
la conflagration [les] envelopper ; un comte ne devra nullement
porter à [sa] mémoire un objet précieux, ni une belle femme
avoir au cou un ornement de collier,
mais ils devront, tristes d'humeur, dépouillés d'or,
souvent, nullement une seule fois, fouler la terre étrangère,
ores que le sage [chef] d'armée a déposé le rire,
l'enjouement et la gaité joyeuse. C'est pourquoi maint
javelot froid du matin devra être saisi par la droite,
soulevé en main ; le son de la harpe ne [devra]

nullement
éveiller [les] guerroyants, mais le sombre corbeau,
prêt autour des voués à mort, [devra] beaucoup croasser,
dire à l'aigle comment il lui advint au repas,
quand à côté du loup il dépouilla les morts du carnage[348]. »
Ainsi l'homme actif redisait d'odieuses
nouvelles ; il ne se trompait pas beaucoup sur
les [événements du] destin ou les mots. Toute la troupe se leva ;
ils s'avancèrent sans joie sous le promontoire des Aigles,
[leurs] larmes jaillissant, pour observer le prodigieux [spectacle].
Lors ils [le] trouvèrent inanimé sur [le] sable
tenant [son] lit incliné[349], celui qui leur donnait des anneaux
aux temps jadis ; lors le jour final
s'était écoulé pour le [chef] excellent, en ce que le roi combattant,
le seigneur des Weders, avait trépassé de mort prodigieuse.
D'abord ils virent là un être plus étrange,
[le] reptile odieux là droit en face
gisant sur la plaine ; le dragon enflammé, terreur
effrayante, était grillé par des tisons ardents.
Il était long de cinquante mesures de

pied [ainsi] étendu ; en temps de nuit
il tenait l'air joyeux, il descendait de nouveau
visiter [son] antre ; il était là immobilisé par la mort,
il avait joui de sa dernière caverne de terre[350].
Auprès de lui étaient dressés des coupes et des vases,
gisaient des plats et des épées de prix,
rouillés, rongés, comme s'ils avaient résidé
là au sein de la terre mille hivers.
Alors cet héritage puissamment grand,
l'or des hommes d'autrefois, était entouré d'enchantement,
[en sorte] qu'aucun des êtres humains ne pouvait toucher
cette salle d'anneaux, à moins que Dieu Lui-même,
le Vrai Roi des victoires, n'octroyât à qui Il voulait
(Il est le protecteur des hommes) d'ouvrir le trésor
accumulé, comme il Lui semblait à propos.

XLII.

Lors il fut visible que cette aventure ne prospéra pas
pour ceux qui à tort avaient caché à l'intérieur
[les] bijoux sous le rempart. D'abord le gardien
frappa [de mort] quelqu'un de [ses] antagonistes.
Lors la
querelle fut furieusement vengée. C'est un

mystère[351] en quel
endroit un comte au vaillant courage atteindra le terme
de sa destinée de vie, quand l'homme ne peut plus longtemps occuper avec ses parents la salle d'hydromel.
Ainsi en fut-il pour Beowulf, lorsqu'il alla chercher [le]
gardien du tumulus, [les] assauts armés ; lui-même ne savait
par quoi devait survenir sa séparation d'avec [ce] monde.
Ainsi jusqu'au jour du jugement [les] fameux souverains
l[352]'avaient profondément maudit, [eux] qui l'avaient placé là,
[pour] que cet homme fût coupable de péché,
confiné dans des temples d'idoles, fixé par des liens d'enfer,
tourmenté de maux, celui qui pillerait cette plaine.
Il n'était [pourtant] pas avide d'or ; il avait auparavant
plus volontiers observé la faveur du Possesseur[353] [suprême].
Wiglaf parla, le fils de Weohstan :
« Souvent maint comte doit par la volonté d'un seul subir grande peine, comme il nous est advenu.
Nous ne pûmes persuader à [notre] cher souverain,

berger du royaume, aucun conseil,
[pour] qu'il n'attaquât pas[354] ce gardien d'or,
qu'il le laissât coucher où il fut longtemps,
demeurer dans [son] habitation jusqu'au terme du monde ;
il poursuivit [sa] haute destinée[355]. Le trésor accumulé est
contemplé, acquis cruellement ; ce sort fut trop
sévère qui attira là ce [roi populaire].
J'ai été là-dedans et j'ai exploré tout cela,
la garniture du bâtiment, lorsqu'il me fut fait place
nullement avec douceur, que le voyage [me fut] permis
là-dedans sous le rempart de terre. En hâte je saisis
de [mes] mains un fardeau puissant des biens
du trésor accumulé, je l'apportai ici dehors
à mon roi ; lors il était toujours vivant,
sage et pourvu de connaissance. Il causa d'une foule de choses, le vieillard plein de douleur, et recommanda de vous
saluer, il ordonna que vous bâtissiez, en raison des actes de
[votre seigneur] ami, sur la place du bûcher un haut tumulus[356],
grand et fameux, comme lui fut de [tous] les hommes
le plus digne guerroyant au loin sur la terre,
tant qu'il put jouir de [sa] richesse de bourg.
Ores allons une seconde [fois] nous hâter

de voir et chercher le monceau de [trésor] curieux,
le prodigieux spectacle sous [le] rempart ; je vous guiderai
[pour] que vous observiez d'assez près
les bagues et l'or épais[357]. Que la bière soit
prête, promptement façonnée, quand nous sortirons,
et portons alors notre maître, [cet]
homme chéri, là où il devra longtemps
attendre sous la garde du Gouverneur [suprême]. »

   Lors le fils[358] de Weohstan, le héros[359] brave à la bataille,
recommanda d'ordonner à maint d'entre les héros
maîtres de maison[360], qu'ils portassent de loin,
eux possesseurs du peuple, le bois du bûcher
vers l'excellent [chef] : « Ores les tisons devront
dévorer, la flamme sombre croître et dominer[361], le boulevard
des guerriers, lui qui souvent endura l'ondée de fer,
lorsque la tempête des traits lancés par les cordes
vola par-dessus le rempart du bouclier, [que] le carreau fit
[son] office, prompt avec son appareil de plumes, [et]
seconda la flèche. »
Aussitôt le circonspect fils de Weohstan
de l'escorte appela [des] vassaux du roi,
sept ensemble, les meilleurs ;
il alla, lui huitième, sous le toit hostile.
Un homme de guerre[362] portait en [ses] mains

une torche enflammée, lui qui marchait en tête.
Lors il ne fut pas [tiré] au sort qui pillerait
ce trésor accumulé, après que [les] hommes en virent
quelque partie non gardée demeurant dans la salle
[et] gisant exposée [au premier venu]. On déplora peu
qu'ils emportèrent avec hâte les
objets précieux [si] chers. Ils poussèrent de plus le dragon,
lë reptile, par-dessus la falaise du rempart, ils laissèrent
la vague prendre, le flot engouffrer, le berger des joyaux.
Là l'or enroulé fut chargé sur un chariot,
[en] quantité innombrable ; [le] noble [fut] porté,
l'homme de guerre[363] grisonnant, vers Hronesnaes[364].

XLIII.

Lors pour lui la nation des Géates prépara
sur [la] terre un monceau bien solide,
ceint de heaumes, de targes de bataille suspendues,
de brillantes cottes de mailles, comme il en avait fait requête ;
lors ils posèrent au milieu, eux, les héros se lamentant,

le fameux souverain, le cher seigneur nourricier.
Lors les guerroyants se mirent à allumer[365] sur le tertre
le plus grand des feux funéraires ; la fumée du bois monta
noire au-dessus de la lueur fumeuse[366], la flamme rugissante
[fut] entourée de sanglots (l'agitation des vents s'apaisa[367]),
jusqu'à ce qu'elle eût rompu là la charpente d'os
chaude [jusqu']au fond. Affligés d'esprit
ils pleurèrent, l'humeur soucieuse, la mort violente de
[leur] seigneur lige ; [la vieille] femme[368] aussi
[chanta] un chant attristé, les cheveux
attachés, [un chant] soucieux, fréquemment
[elle dit] qu'elle [redoutait] de durs jours d'insulte,
grand nombre de chutes mortelles[369], [la] terreur du guerroyant,
humiliation et captivité. Le ciel absorba la fumée.
Lors la nation des Weders construisit
un monticule sur la dune, qui fut haut et large,
visible à distance pour les voyageurs sur les lames,
et assembla en dix jours le signal
du vaillant lutteur ; elle environna d'un
rempart les restes de l'incendie, comme le plus dignement
purent l'imaginer des hommes fort circonspects.
Ils placèrent dans[370] le tumulus des bagues et des

bijoux[371],
tous des ornements tels que récemment des hommes
à l'esprit martial [les] avaient pris du trésor accumulé ;
ils laissèrent la terre retenir les biens de comtes,
l'or sur le gravier, où ores encore il existe
aussi inutile aux mortels qu'il le fut avant.
Lors autour du monticule chevauchèrent les enfants
des nobles, braves à la bataille, douze en tout,
ils voulaient déplorer [leur] perte[372], pleurer [le] roi,
faire une complainte, et deviser du [grand] homme ;
ils marquèrent leur estime pour [sa] prouesse de comte et louèrent
hardiment[373] son œuvre de courage, comme il convient
que l'on célèbre en paroles son seigneur ami,
qu'on le chérisse de cœur, quand il doit,
lui éphémère, quitter l'enveloppe du corps[374].
Ainsi la nation des Géates gémit,
[ses] camarades de foyer, sur la chute du seigneur nourricier.
Ils déclarèrent qu'il fut un [grand] roi du monde,
le plus doux des humains et le plus débonnaire aux hommes,
le plus aimable pour [ses] gens et le plus avide de louange.

---

1. ↑ Kemble lit *eorlas*, c'est-à-dire : « Il inspira de la terreur aux comtes. » Nous prenons *comtes* au cours du poème dans son acception primitive de compagnons du chef, puis de chef en titre.

2. ↑ Ou « Dieu comprit ».
3. ↑ Ou « dû aux violences ».
4. ↑ C'est-à-dire : pour mourir.
5. ↑ Ou « plein d'exploits ».
6. ↑ Mot à mot : à l'homme au javelot, c'est-à-dire à l'océan ou, comme nous pourrions dire, à Neptune
7. ↑ C'est-à-dire : était mort.
8. ↑ C'est-à-dire : naquit.
9. ↑ C'est-à-dire : vinrent.
10. ↑ C'est-à-dire : le servaient.
11. ↑ *Héorot* veut dire « cerf » en raison des bois de cerf ornant le bâtiment.
12. ↑ Rieger lit *ellor-gaest*, l'esprit étranger.
13. ↑ C'est-à-dire : naquirent.
14. ↑ Ou : aux cottes de mailles.
15. ↑ Ou « la misère ».
16. ↑ C'est-à-dire : le roi.
17. ↑ C'est-à-dire : du trône.
18. ↑ Ou « l'intention de la Divinité ».
19. ↑ Mot à mot : d'humeur.
20. ↑ Mot à mot : en paroles.
21. ↑ Ou « pour l'adorer ».
22. ↑ C'est-à-dire : avec quatorze compagnons.
23. ↑ C'est-à-dire : le vaisseau.
24. ↑ C'est-à-dire : le navire.
25. ↑ Ou « la falaise de mer ».
26. ↑ Au lieu de compléter avec Wülcker par les mots *hringed-stefnan*, Bugge conjecture [*Hwile ic on weallc*] : « J'ai été longtemps sur le rempart. »
27. ↑ Ou « de ce que je me propose », ou encore « comme je l'espère ».
28. ↑ C'est-à-dire : cesser.
29. ↑ Mot à mot : plus frais.
30. ↑ Ou « bien intentionnés ».
31. ↑ C'est-à-dire : au roi.
32. ↑ Nous adoptons ici l'addition au texte proposée par Grein pour rétablir l'allitération défectueuse.
33. ↑ Hémistiche ajouté par Grein pour compléter le vers.
34. ↑ Ou « sous le dais. »
35. ↑ Ou « sous la sérénité » en lisant *hathor* avec Heyne et Socin.
36. ↑ C'est-à-dire : de la fleur.
37. ↑ Weland est le forgeron mythique, le Vulcain, de la légende germanique.
38. ↑ Mot à mot : d'autant plus d'actions.

39. ↑ Ou « battiez [les flots] de vos droites ».
40. ↑ C'est-à-dire : un trésor.
41. ↑ Ou « hostile ».
42. ↑ Ou « tes frères ».
43. ↑ Mot à mot : ton parent en chef, ou « tes parents ».
44. ↑ Mot à mot : endort.
45. ↑ Ou encore : « le chant » ou « la musique ».
46. ↑ Mot à mot : était survenu.
47. ↑ Earle dérive *wan* de *winnan* et lit : « il luttait sous les nuages ».
48. ↑ Mot à mot : offrit.
49. ↑ Trautmann lit : *"an herewaepnan"*, c'est-à-dire : armé.
50. ↑ Ou Géates.
51. ↑ Ou « le courroux… reposait sur [lui] ».
52. ↑ Ou « le pavé multicolore ».
53. ↑ Ou « la puissante fureur ».
54. ↑ Ou « retint le parent d'Hygelac ».
55. ↑ C'est-à-dire la terre.
56. ↑ Karle traduit : « sa réception ».
57. ↑ Mot à mot : « disette de bière », inspirant de la terreur.
58. ↑ Mot à mot : où ils le pouvaient.
59. ↑ C'est-à-dire le tuer.
60. ↑ C'est-à-dire qu'il était invulnérable.
61. ↑ Mot à mot : séparation de l'existence.
62. ↑ Mot à mot : il souffrit.
63. ↑ Mot à mot : les couvertures des os.
64. ↑ Mot à mot : d'autant mieux.
65. ↑ Mot à mot : l'étreinte.
66. ↑ Earle traduit : « Hela le reçut. »
67. ↑ C'est-à-dire : ne ravalaient.
68. ↑ Mot à mot : chargé de.
69. ↑ Earle traduit : *word óther fand,* un mot suivait l'autre, c'est-à-dire peut-être « sous forme allitérative ».
70. ↑ Mot à mot : non petit.
71. ↑ Mot à mot : à son jugement.
72. ↑ Cosijn lit : *aron thah,* « prospéra dans les honneurs ».
73. ↑ Cosijn lit : *Fealwum mearum,* « sur leurs coursiers bais ».
74. ↑ Mot à mot : mesurèrent.
75. ↑ Mot à mot : survienne.
76. ↑ Mot à mot : je n'éprouverais.
77. ↑ C'est-à-dire qu'il n'y aurait rien d'assez dur pour les entamer.
78. ↑ Earle traduit : d'ancien renom ».

79. ↑ Earle traduit : « qui savent voir… »
80. ↑ Ou « de meurtrissures ».
81. ↑ Mot à mot : les restes de limes.
82. ↑ Earle traduit : « polies par la guerre ».
83. ↑ Earle traduit : « et si la destinée ne s'y était opposée ».
84. ↑ C'est-à-dire de bien et de mal.
85. ↑ Clark Hall joint ce vers à la phrase précédente et traduit : au sujet des descendants, etc.
86. ↑ Earle traduit : « l'un après l'autre ».
87. ↑ Earle traduit : « sauver de l'hostilité du vassal. »
88. ↑ C'est-à-dire les Danois.
89. ↑ Earle traduit : « Si d'autre part… »
90. ↑ Ou « le trésor d'or. »
91. ↑ Mot à mot : les vases d'os.
92. ↑ Earle traduit : « leur fleur… »
93. ↑ C'est-à-dire une nouvelle année.
94. ↑ C'est-à-dire arrivent avec régularité.
95. ↑ Ou « commémorât. »
96. ↑ Mot à mot : ne refusa pas.
97. ↑ Muller et Earle lisant *worod-raedenne* traduisent : « il ne refusa pas la fraternité d'armes. »
98. ↑ Earle traduit : « lui posa sur la poitrine l'épée Lafing. »
99. ↑ Mot à mot : sur l'étreinte.
100. ↑ Mot à mot : son humeur.
101. ↑ Earle traduit : « les dames de la cour. »
102. ↑ C'est-à-dire Hrothgar et Hrothulf.
103. ↑ Earle traduit : « pour ses aises et son profit. »
104. ↑ C'est-à-dire les cadavres des Géates couvraient le sol.
105. ↑ Mot à mot : prenait le bruit. Earle traduit : « retentissait de musique. »
106. ↑ Earle traduit : « te célébreront. »
107. ↑ Ou sans la virgule, « les hommes liges… font… »
108. ↑ Mot à mot : s'éveillèrent.
109. ↑ Earle traduit : « voués depuis longtemps. »
110. ↑ Mot à mot : loup de flamberge.
111. ↑ Wyatt comprend : « crut à la faveur pour lui-même de la part du Tout-Puissant. »
112. ↑ Ou : aux Cottes de Mailles.
113. ↑ Clark Hall traduit : « ornementée. »
114. ↑ Clark Hall traduit : « arrache l'image du sanglier en relief sur le heaume. »

115. ↑ Clark Hall traduit : « la paume couverte de… » Th. Miller propose de lire : *under heofe*, au milieu de lamentations.
116. ↑ Mot à mot : l'avant-jour.
117. ↑ Earle traduit : « suivant son souhait sincère. »
118. ↑ Clarke Hall traduit : « répliqua. »
119. ↑ Mot à mot : mon camarade d'épaule.
120. ↑ Mot à mot : de poitrine.
121. ↑ Mot à mot : mes nationaux.
122. ↑ Mot à mot : une merveille maligne.
123. ↑ Mot à mot : ce sol.
124. ↑ Earle traduit : « comme pour toi j'ai grande confiance. »
125. ↑ Sievers ajoute au vers les mots *thaer heo* « là elle était allée ».
126. ↑ Earle traduit : « les arbres sombres. »
127. ↑ Mot à mot : sans joie.
128. ↑ C'est-à-dire sur la mer.
129. ↑ Mot à mot : sépara l'un d'eux de l'existence.
130. ↑ C'est-à-dire l'entamer.
131. ↑ Earle traduit : « sur des sentiers de terreur. »
132. ↑ Mot à mot : un loup d'épée.
133. ↑ Mot à mot : « porteur de sa droite [pour protéger]. »
134. ↑ Mot à mot : « compagnons de main. »
135. ↑ Sans doute : Goths d'orage ou des tempêtes.
136. ↑ Mot à mot : «la plaine du fond. »
137. ↑ Earle traduit : « salle de l'abîme. »
138. ↑ Lisant avec Clarke Hall un gén. pl. *fethe-campana* au lieu du nomin. *cempa*, tandis qu'Earle en fait le sujet de la phrase et traduit : « le soldat champion trébucha » ; Wyatt également.
139. ↑ C'est-à-dire la cotte de mailles.
140. ↑ Mot à mot : se fût fourvoyé.
141. ↑ Wyatt met ici une virgule seulement.
142. ↑ Earle en fait un nom propre Fetelhilt.
143. ↑ Mot à mot : à la flamberge.
144. ↑ C'est-à-dire les vertèbres.
145. ↑ En lisant *wyscton* avec Sweet, ou avec *wiston*, « ils savaient… »
146. ↑ Ou « les cordes des vagues » en lisant *waeg-rápas* avec Kemble.
147. ↑ Ou : « des saisons… »
148. ↑ Earle traduit : « le combat… fit défaut. »
149. ↑ Earle traduit : « la pièce tordue », mais non de même au vers 1616.
150. ↑ Mot à mot : les gardes, le pluriel mis pour le singulier.
151. ↑ Bugge lit : *thaet the eorl naere*, « qu'aucun comte ne naquit meilleur que toi… »

152. ↑ Mot à mot : chacune des populaces.
153. ↑ Mot à mot : avec prudence d'humeur.
154. ↑ Mot à mot : ma protection.
155. ↑ Mot à mot : « à désir à eux ».
156. ↑ Mot à mot : ses camarades d'épaule.
157. ↑ Mot à mot : un trésor de poitrine.
158. ↑ Mot à mot : le jugement.
159. ↑ Mot à mot : cette altercation.
160. ↑ Mot à mot : Sa pensée d'humeur.
161. ↑ C'est-à-dire : fièrement.
162. ↑ C'est-à-dire : le mauvais œil.
163. ↑ D'autres lisent : « L'éclat des yeux faiblira et deviendra sombre. »
164. ↑ Ou : aux Cottes de Mailles.
165. ↑ C'est-à-dire : la terre.
166. ↑ C'est-à-dire : nous devrons partager.
167. ↑ C'est-à-dire : en ce jour.
168. ↑ C'est-à-dire : au cœur hardi.
169. ↑ Ou d'après Grein : le hardi fils d'Ecglaf [Unferth] lui ordonna…
170. ↑ Mot à mot : de ton affection d'humeur.
171. ↑ Earle traduit « si je puis entreprendre pour ta satisfaction plus de travaux guerriers… »
172. ↑ Mot à mot : des haïsseurs de toi.
173. ↑ C'est-à-dire : de Hrothgar.
174. ↑ C'est-à-dire : Hygelac.
175. ↑ Mot à mot : se reposer.
176. ↑ Oiseau de mer plongeur.
177. ↑ Mot à mot : possesseurs de [petits] enclos.
178. ↑ Mot à mot : ce legs d'héritage.
179. ↑ Grein lit : *yth-nacan*, le navire des vagues.
180. ↑ C'est-à-dire : pour Beowulf.
181. ↑ D'autres lisent *heah halle*, noble dans [sa] grand'salle.
182. ↑ Mot à mot : la barrière du bourg.
183. ↑ Mot à mot : portait l'humeur [farouche]…, la violence affreuse.
184. ↑ Mot à mot : dans le jour.
185. ↑ Mot à mot : après la saisie par la droite.
186. ↑ Quelques-uns traduisent *scyran* par « révéler ».
187. ↑ C'est-à-dire : Offa, roi des Angles.
188. ↑ Mot à mot : le siège des hommes.
189. ↑ Mot à mot : il tint.
190. ↑ C'est-à-dire : naquit.
191. ↑ Mot à mot : ils endurèrent le voyage.

192. ↑ C'est-à-dire : son arrivée.
193. ↑ Mot à mot : sonores.
194. ↑ Mot à mot : le brisait.
195. ↑ C'est-à-dire : j'étais agité.
196. ↑ Mot à mot : tu saluasses.
197. ↑ Mot à mot : bientôt.
198. ↑ Mot à mot : mon esprit d'humeur.
199. ↑ Heyne traduit : « tandis qu'un noble descendant des Danois accompagnait l'élite…
200. ↑ Ou : « en compagnie des Danois » si l'on lit *bi werode* avec Grein.
201. ↑ Ni ce chiffre ni le chiffre XXX n'étant marqué dans le manuscrit, il est permis de supposer avec Thorpe qu'un scribe a sauté le chant XXIX et que nous avons ici en réalité le début du chant XXX.
202. ↑ Ou : « qui les voit tous deux » en lisant *the ba* avec Bugge.
203. ↑ Earle traduit : « après que l'indemnité eut échoué. »
204. ↑ Mot à mot : les affections.
205. ↑ C'est-à-dire : le soleil.
206. ↑ Earle traduit : pleins de courage.
207. ↑ Mot à mot : salua.
208. ↑ Mot à mot : son sein.
209. ↑ Mot à mot : s'en rappelait le nombre.
210. ↑ Mot à mot : conseiller de jadis.
211. ↑ Mot à mot : au large.
212. ↑ Mot à mot : mon tranchant.
213. ↑ Mot à mot : je retirai.
214. ↑ Mot à mot : parents de tête.
215. ↑ Mot à mot : sa faveur ou si l'on lit *his or aerest* avec Earle, « son origine ».
216. ↑ Mot à mot : pas plus tôt.
217. ↑ Mot à mot : marquèrent la trace de.
218. ↑ Mot à mot : faveur.
219. ↑ Earle traduit : « quand on distribua des anneaux ».
220. ↑ Cosijn traduit : le seigneur des Weders.
221. ↑ Mot à mot : les Scylfings de la Mêlée.
222. ↑ Traduit avec des lacunes d'après le texte conjectural de Grein.
223. ↑ Mot à mot : du gai bois.
224. ↑ Earle, lisant *gǣst* au lieu de *gaest*, dit : « Le monstre »…
225. ↑ Mot à mot : ne fit pour quelque chose.
226. ↑ Earle traduit : « la ruse guerrière du reptile ne dompta nullement la force et le courage de Beowulf. »
227. ↑ Mot à mot : éprouva l'usage de la natation.

228. ↑ Mot à mot : de ce loup de bataille.
229. ↑ Earle propose de lire *sceoletha*, des bas-fonds.
230. ↑ Earle traduit : dans l'assemblée du peuple.
231. ↑ Mot à mot : devint à terme à [sa vie].
232. ↑ Earle traduit : pour son hospitalité.
233. ↑ Mot à mot : chute de cacique ou de nation.
234. ↑ Mot à mot : un de douze.
235. ↑ D'autres traduisent : une certaine salle.
236. ↑ Mot à mot : saluer.
237. ↑ Mot à mot : séparer à part.
238. ↑ Mot à mot : plus odieux.
239. ↑ Ou « arrangé », si l'on lit *styred* avec Rieger.
240. ↑ Bugge lit : *freo-wine*, « son noble ami ».
241. ↑ Ou : descendant.
242. ↑ Mot à mot : du bourg.
243. ↑ Mot à mot : gardien d'héritage.
244. ↑ Mot à mot : le meurtrier de l'existence.
245. ↑ Mot à mot : un parent.
246. ↑ Earle traduit : de la joie de posséder.
247. ↑ Mot à mot : berger.
248. ↑ Mot à mot : étreinte de bataille.
249. ↑ Heyne lit : *rethes andhattres*, chaleur ardente adverse.
250. ↑ Mot à mot : sa cotte d'armes à flamberge.
251. ↑ Ou en lisant *déor* avec Bugge : « le brave ne put supporter [cela] » . . . .
252. ↑ Mot à mot : [son] écu targe.
253. ↑ Ou « l'étranger affreux ».
254. ↑ Mot à mot : Auparavant.
255. ↑ Mot à mot : des pensants à mal.
256. ↑ Mot à mot : ensemble.
257. ↑ Ou « tête baissée » en lisant *gescife* avec Müllenhoff.
258. ↑ Ou, si l'on lit *Inges* avec Thorpe : « du legs d'Ing ».
259. ↑ Ou « péniblement pressé ».
260. ↑ Mot à mot : un feu de carnage.
261. ↑ Ou « autrefois excellent ». Earle traduit : « d'ancien renom ».
262. ↑ Earle traduit : « une épreuve ».
263. ↑ Mot à mot : voulût.
264. ↑ Mot à mot : plaine de fond. Karle comprend : « cette entreprise ».
265. ↑ Grein lit : *wyrmes willan*, « par la volonté du reptile ».
266. ↑ Ou « péril ».
267. ↑ Earle traduit : « la parenté ne peut être détournée du devoir . . . . . »

268. ↑ Mot à mot : droits sur le peuple.
269. ↑ Ou : des Eotens (peut-être les Jutes).
270. ↑ Mot à mot : son esprit d'humeur ne fondit pas.
271. ↑ Mot à mot : qu'ils furent allés ensemble.
272. ↑ D'autres traduisent : «Celui qui... »
273. ↑ Bugge lit : *ond meda gehet*, et m'a promis des récompenses.
274. ↑ Earle traduit : « les vieux usages du service... »
275. ↑ Bugge ajoute au texte *bealdra forgulden* « ils revalaient au prince » et lit *byrda scrad* « un superbe costume » au lieu de « bouclier protecteur ».
276. ↑ Mot à mot : fumée de carnage.
277. ↑ Mot à mot : temps ou existence de jeunesse.
278. ↑ Earle traduit : « jusqu'au centre ».
279. ↑ D'autres traduisent : « rapidement ».
280. ↑ « Ornée de clous », nom de l'épée de Beowulf.
281. ↑ Nous préférons cette ponctuation à celle de Wyatt qui met ici une virgule.
282. ↑ Earle traduit : « quand [Beowulf] eut cédé du terrain ».
283. ↑ Mot à mot : domina.
284. ↑ Mot à mot : de carnage.
285. ↑ Grein lit : *sige-hwila*, le dernier des temps de victoire, Kemble : *sithes sige-hwil*, le moment de victoire de [son] aventure.
286. ↑ Mot à mot : lui avait travaillée.
287. ↑ Mot à mot : pensant sagement.
288. ↑ Heyne lit *heoldon*, et traduit : les arches de roche renfermaient une salle...
289. ↑ Mot à mot : par flamberge.
290. ↑ Mot à mot : son temps de jour.
291. ↑ Mot à mot : gardien d'héritage.
292. ↑ Mot à mot : j'ai détenu.
293. ↑ Mot à mot : me saluer.
294. ↑ Peut-être « des épées », voyez au vers 4810.
295. ↑ Mot à mot : serments pour le tort.
296. ↑ Mot à mot : que j'ai détenue.
297. ↑ Mot à mot : de duel.
298. ↑ Earle traduit : dans le tumulus.
299. ↑ Earle traduit : y prenne garde.
300. ↑ Wyatt comprend : par habileté manuelle.
301. ↑ Mot à mot : la plaine du sol.
302. ↑ Earle traduit : « avait supprimé l'ancien maître [du trésor] », lisant *eald hlaforde* avec Rieger. Kemble traduit : le glaive revêtu de bronze.
303. ↑ Mot à mot : bouillonnant par flamberge.

304. ↑ Hall traduit : poussé par les joyaux.
305. ↑ Mot à mot : malade quant à la force.
306. ↑ Earle traduit : perçât le trésor.
307. ↑ Mot à mot : de mon existence ancienne.
308. ↑ Mot à mot : le Cap de la Baleine.
309. ↑ Mot à mot : ordonna.
310. ↑ Mot à mot : tourbillons de la mêlée.
311. ↑ Mot à mot : des [hommes] fermes en la vérité.
312. ↑ Le chiffre manque dans le manuscrit, mais il y a un vide.
313. ↑ Earle traduit : les lui avait enlevés.
314. ↑ Mot à mot : dans le pays.
315. ↑ Mot a mot : menteurs à la foi jurée.
316. ↑ Mot à mot : il le réveillait.
317. ↑ Mot à mot : du premier javelot. L'on pourrait croire à une traduction du latin *primipilus*.
318. ↑ Mot à mot : ennemi du cœur.
319. ↑ Mot à mot : devra.
320. ↑ Mot à mot : ce bourg de parents.
321. ↑ Mot à mot : et.
322. ↑ Mot à mot : les actes.
323. ↑ Mot à mot : le garçon.
324. ↑ Mot à mot : respect d'esprit.
325. ↑ Earle traduit : contre ami et ennemi.
326. ↑ Mot à mot : dure.
327. ↑ Mot à mot : une armée à flot.
328. ↑ C'est-à-dire : les Hattuarii ou Chatti.
329. ↑ Mot à mot : le sage maritime.
330. ↑ Mot à mot : le reliquat des épées.
331. ↑ Mot à mot : les tranchants.
332. ↑ Mot à mot : à l'humeur affligée.
333. ↑ Mot à mot : l'avant-jour.
334. ↑ Mot à mot : à soucis nombreux.
335. ↑ C'est-à-dire : le noble Ongentheow.
336. ↑ Mot à mot : sous.
337. ↑ Earle relie ce membre de phrase au suivant et traduit : « les bannières d'Hygelac s'avancèrent ».
338. ↑ Hall traduit : « firent pression contre les rangs serrés ».
339. ↑ Mot à mot : ce coup de carnage.
340. ↑ C'est-à-dire : d'Eofor, frère de Wulf.
341. ↑ C'est-à-dire : Wulf.
342. ↑ Grein lit : *his leodum*, à ses nations.

343. ↑ Earle traduit : en filigrane.
344. ↑ C'est-à-dire : sur terre.
345. ↑ Hall traduit : la haine mortelle.
346. ↑ À supprimer, simple répétition oiseuse du v. 2051.
347. ↑ Mot à mot : quelque chose de seul ne…
348. ↑ Mot à mot : le carnage.
349. ↑ Earle traduit : son lit d'impuissance.
350. ↑ Mot à mot : de la fin de [ses] cavernes de terre.
351. ↑ Bugge lit : *Wundordeathe*, C'est par une mort prodigieuse que…
352. ↑ C'est-à-dire : le trésor souterrain.
353. ↑ Bugge lit *gold-hwaete* sans point-virgule et traduit : Il n'avait nullement éprouvé auparavant la faveur dispensatrice d'or du Maître d'une façon plus effective. »
354. ↑ Mot à mot : ne saluât pas.
355. ↑ Wülcker lit *healdan* : « tenir sa haute destinée », et Holder *heoldon*, « nous reçûmes la destinée voulue d'En Haut ».
356. ↑ Mot à mot : ce haut tumulus.
357. ↑ Mot à mot : large.
358. ↑ Mot à mot : le garçon.
359. ↑ Earle lit *haele* au pluriel et traduit : « recommanda aux braves héros d'ordonner… »
360. ↑ Mot à mot : possesseurs d'édifices.
361. ↑ Earle lit *wascan* au lieu de *weaxan* et traduit : laver.
362. ↑ Mot à mot : de bataille.
363. ↑ Mot à mot : de bataille.
364. ↑ C'est-à-dire : le cap de la Baleine.
365. ↑ Mot à mot : à réveiller.
366. ↑ D'autres traduisent : la masse enflammée.
367. ↑ Bugge lit : *lec windblonda leg*, « la flamme mêlée aux hurlements des courants d'air s'attisa. »
368. ↑ Pour les vers 3150-56, nous adoptons les conjectures de Bugge et le texte tel qu'il l'a rétabli jusqu'à *Heofon rece swealg*.
369. ↑ Mot à mot : chutes du carnage.
370. ↑ Ou : « sur ».
371. ↑ Ou : « des ornements en forme de soleil », comme aux vers 1157 et 1200.
372. ↑ En lisant : *ceare cwithan* avec Grein, Bugge conjecture *gen cwithan*, renouveler leur lamentation.
373. ↑ Ou : pour les vaillants.
374. ↑ Bugge lit *laenum* et traduit : du corps éphémère.

La Plainte de Deor

Weland connut amèrement l'exil,
le vaillant comte souffrit de la peine,
il eut pour compagnons le chagrin et le désir,
des courses errantes par froid hivernal ; souvent il endura malheur,
après que Nithhad l'eut lié par la nécessité,
eut coupé les tendons de l'homme meilleur que lui.
Cela, il le surmonta[1], ainsi pourrai-je ceci.

Pour Beaduhild la mort de ses frères ne fut pas
si dure à son cœur que son propre cas,
quand elle eut clairement compris
qu'elle était enceinte ; jamais elle ne put
penser hardiment à ce qui devrait en advenir.
Cela, elle le surmonta, ainsi pourrai-je ceci.

Nous avons appris de plusieurs l'infortune de Maethhilde.
Des nobles de Geat furent privés de leurs terres
en sorte que la tristesse leur ôta tout sommeil.
Cela, elle le surmonta, ainsi pourrai-je ceci.

Théodoric occupa trente hivers
le bourg des Merings ; ceci fut connu de plusieurs.
Cela, il le surmonta, ainsi pourrai-je ceci.

Nous avons ouï dire d'Eormanric
la pensée de loup cruel. Il dominait le vaste peuple
du royaume des Goths. Ce fut un roi farouche.
Maint homme était assis lié par les chagrins
dans l'attente du malheur ; il souhaitait bien
que la fin de ce règne fût arrivée.
Cela, il le surmonta, ainsi pourrai-je ceci.

Quelqu'un est assis chargé de soucis ; privé de bonheur,
il s'afflige en esprit ; il pense à part lui
que la portion des peines est infinie,
Alors il peut réfléchir que par ce monde
le Sage Seigneur s'en va bien souvent ;
Il montre Sa faveur à maint comte,
une prospérité assurée, à d'autres une part de maux.
Ceci, je veux le dire de moi-même,
que je fus un temps ménestrel des Heodenings,
cher à mon seigneur. J'avais nom Deor ;
j'occupai pendant plusieurs hivers un poste excellent,
j'eus un maître bienveillant jusqu'à ce qu'ores Heorrenda,
homme savant en poésie, jouit du droit territorial
que m'octroya jadis le protecteur des comtes.
Cela, il le surmonta, ainsi pourrai-je ceci.

Notes explicatives. — Il s'agit, dans les deux premières stances, du forgeron divin Weland fait prisonnier par le roi Nithhad, qui lui inflige le supplice de l'énervation et le prive d'un anneau magique qui lui permettrait de s'envoler. Le captif se venge du roi en tuant ses fils et en séduisant sa fille Beaduhild. Puis il construit des ailes merveilleuses à l'aide de plumes d'oiseau et prend la fuite.

Pour Grein, la troisième stance se rapporterait à Hilde ou Odila maltraitée par le tyran Eormanric ou Ermanaric, roi des Ostrogoths au 4e siècle de l'ère chrétienne, dont la suite du poème rappelle les excès.

La quatrième stance fait allusion au bannissement de Théodoric de Vérone, qui vécut en exil à la cour du roi Attila.

1. ↑ Sweet traduit : « Ce chagrin est passé ».

Le Combat de Finnsburg

    « Ce ne sont jamais des pignons qui brûlent. »
Lors le roi jeune au combat s'écria :
« Ce n'est pas ici l'aurore qui point de l'est, ici nul dragon ne vole,
ni les pignons de cette grande salle-ci ne brûlent,
mais le sanglier[1] va de l'avant, les oiseaux chantent,
le loup vêtu de gris pousse un hurlement, le bois du combat retentit,
le bouclier répond au javelot. Ores brille la lune
errant sous les nuages ; ores surgissent des crimes
qui veulent causer ce triste péril au peuple.
Mais ores réveillez-vous, mes guerriers,
saisissez vos écus en tilleul[2], songez à l'action d'éclat,
luttez[3] au premier rang, soyez courageux. »
    Lors se leva maint vassal orné d'or, il ceignit son épée.
Lors allèrent vers la porte de vaillants champions,
Sigeferth et Eaha, ils tirèrent leurs épées,
et aux autres portes Ordlaf et Guthlaf,
et Hengest vint en hâte après eux.
Lors encore Garulf insista près de Guthere

afin qu'il n'exposât pas sa vie noble pour la première fois,
qu'il ne portât pas son armure à la porte de la grande salle,
ores que le brave au combat voudrait la lui enlever.
Mais il demanda à travers tout l'intervalle hautement,
héros intrépide, qui lors tenait la porte.
« J'ai nom Sigeferth », répondit-il, « je suis chef des Secgas,
étranger connu au loin. J'ai enduré bien des maux,
de dures luttes ; à toi, il t'est encore ici préparé
l'un ou l'autre sort que toi-même, tu veux me procurer. »

Lors il y eut près du mur[4] un fracas de massacre,
le bouclier rond aux mains des hardis dut voler en éclats,
le protecteur des os. Le plancher du château gémit
jusqu'à ce qu'en ce combat Garulf s'écroula,
lui le premier d'entre tous les habitants de cette terre,
fils de Guthlaf, et autour de lui maints vaillants.
Les cadavres d'ennemis[5] tombèrent, le corbeau tournoya
sombre et brun foncé. La flamme de l'épée jaillit
comme si tout le bourg de Finn était en feu.

Je n'ai jamais entendu dire que plus dignement, à la bataille
des hommes, soixante héros vainqueurs se soient mieux comportés,

ni que jamais guerriers aient mieux revalu le doux[6]
hydromel
qu'à Hnaef ne le revalurent ses jeunes gens.
Ils luttèrent cinq jours, attendu que ne s'affaissa aucun
de ces vassaux, mais lors ils tinrent les portes.
    Lors un héros blessé s'en alla pour partir,
il dit que sa cotte de mailles était brisée,
son armure déchiquetée, et son heaume aussi était perforé.
Lors bientôt le berger du peuple lui demanda
comment les combattants se remettaient de leurs blessures
ou lequel de ces deux jeunes guerriers...

1. ↑ Ou en lisant *her* au lieu de *fer* : « Ici ils vont de l'avant ».
2. ↑ Ou si l'on lit *handa* au lieu de *linda* : « levez vos mains ».
3. ↑ Ou si l'on lit *windath* au lieu de *winnath* : « brandissez ».
4. ↑ En lisant *wealle* pour l'allitération au lieu de *healle* : « dans la grande salle ».
5. ↑ En lisant *Hwarf flacra hraew* au lieu de *hwearflicra* : « cadavres de gens
éphémères ».
6. ↑ En lisant *swetne* au lieu de *hwitne medo* : « clair hydromel ».

Waldere

A.

(Hildeguthe) l'encouragea vivement :
« Certes, l'ouvrage de Weland ne trompera
aucun des hommes qui savent tenir Mimming,
la dure épée. Souvent au combat a péri,
taché de sang et blessé d'estoc, un héros après l'autre.
Guerrier d'avant-garde d'Attila, ne laisse pas ores encore
faiblir aujourd'hui ton courage, défaillir ta noble vaillance.
. . . . . mais il est venu le jour
où tu devras, de deux choses l'une,
perdre la vie ou conquérir une renommée durable
auprès des mortels, toi, fils d'Aelphere.
Mon seigneur ami, je ne te blâme nullement en mes paroles,
pour ce que je t'aie vu, au jeu d'épées,
honteusement[1] devant qui que ce fût
te retirer du combat ou fuir sur le rempart
pour garantir ta personne, quoique beaucoup

d'ennemis
eussent frappé de leurs lattes ta cotte de mailles,
mais toujours tu cherchais à te battre plus en avant,
ta lame dépassant les limites de ta force[2]. Aussi je craignais
pour toi le destin, que tu cherchasses trop violemment
à te battre sur le lieu de rencontre, à la bataille,
avec[3] quelque autre homme. Couvre-toi d'honneur
par des actions d'éclat pendant que Dieu te guide.
Ne t'inquiète pas de ta flamberge ; l'élite des trésors
te fut donnée pour nous secourir tous deux[4]. Car pour Guthhere
tu devras réprimer sa vanterie, puisqu'il a commencé
à tort tout d'abord à rechercher ce conflit.
Il a refusé l'épée et les vases précieux
et maint anneau. Ores sans anneau il devra
s'en aller de ce combat, retrouver son seigneur nourricier,
son ancien pays natal, ou mourir ici auparavant,
si pour lors il . . . . . »

B.

« . . . . . ma flamberge meilleure[5]
que celle-ci seule que moi aussi
j'ai encore cachée dans le fourreau à pierreries.

Je sais que Théodoric a songé à l'envoyer
à Widia[6] lui-même et aussi un grand trésor
d'objets précieux avec la flamberge, et avec elle maint
autre[7] objet orné d'or. Il reçut l'ancienne récompense
pour ce que le parent de Nithhad, Widia,
le fils de Weland, fit sortir d'embarras son seigneur
qui partit en hâte de la terre des géants. »
  Waldere discourut, le brave guerrier,
il tenait en main l'aide au combat[8],
l'estoc de bataille au poing. Il dit[9] en ses paroles :
« Voici, tu espérais certes, ami des Burgondes,
que la main de Hagen me pousserait dans la lutte
et mettrait fin au combat à pied. Prends, si tu l'oses,
au lutteur ainsi épuisé sa cotte de mailles grise.
Ici sur mes épaules repose le legs d'Aelfhere,
solide et pourvu de clous, paré d'or,
dépouille d'homme noble tout à fait honorable
à saisir, alors que la main défend le trésor
de la vie contre les adversaires. Il ne me trahit pas[10], quand
méchamment de cruels étrangers m'attaquent à nouveau,
surviennent avec flamberges, comme vous l'avez fait pour moi.
Cependant il peut accorder la victoire, Celui qui est toujours

prompt et sage pour secourir tout ce qui est droit[11].
Celui qui pour lui se fie à cette aide sainte,
à Dieu qui l'assiste, la trouvera bien là,
s'il s'est souvenu[12] auparavant de la mériter.
Alors les orgueilleux, pourront distribuer la richesse,
posséder le pouvoir[13] ; c'est là . . . . . »

1. ↑ Mot à mot : par honte.
2. ↑ Mot à mot : ta lame (étant) au delà de la limite.
3. ↑ Mot à mot : de quelque autre homme.
4. ↑ Mot à mot : à secours à tous deux.
5. ↑ C'est sans doute Guthhere qui se vante ici avant le combat.
6. ↑ Fils de Weland et de Beaduhild.
7. ↑ Mot à mot : maint d'autre.
8. ↑ C'est-à-dire : l'épée.
9. ↑ Mot à mot : Il récita ou Il débita.
10. ↑ Mot à mot : Il n'est pas hostile contre moi.
11. ↑ Mot à mot : sage pour chacun des droits.
12. ↑ Mot à mot : se souvient.
13. ↑ Ou : des biens.